シン・ゴジラが語る我が国の危機管理

大庭　誠司

近代消防社 刊

は じ め に

「皆さん、「シン・ゴジラ」の映画を見ましたか？」

　講演の場でこうお聞きすると、おおむね１、２割程度の方が手が上がります。一番、多くの方の手が上がったのは2017年（平成29年）秋に日本大学危機管理学部のセミナーにお邪魔したときで、このときは約８割の方々の手が上がりました。2016年（平成28年）４月に誕生したばかりの危機管理を専攻する学部ですから、やはりその意識の高さを感じました。

　ゴジラというと怪獣映画のように思われますが、「シン・ゴジラ」は怪獣映画ではなく、我が国で、多分初めて、現在の我が国の危機管理について、その姿、課題について、国民に提示した映画だと思います。

　国家の緊急事態に対して、政府はどういうバックグラウンド（法令）に基づき行動するのか、ゴジラ（首都直下地震）に官邸が壊されたら政府の対策本部はどこで開くのか、総理が乗車しているヘリがゴジラに叩き落されたら（総理が欠けたら）だれがどうやって総理の代わりをするのか、などなど。

　本書は、映画「シン・ゴジラ」が我が国の危機管理について投げかけている課題等を端緒として、官邸の地下に10数年、生息した著者が感じたこと、考えたことをまとめています。具体的には、
・日本の危機管理体制がどうなっているのか
・官邸の地下で国家の緊急事態のときにどういうオペレーションが行われているのか
・各省庁と内閣官房をどういう役割分担を担っているのか

など、官邸を中心とした危機管理体制の現状と課題について、また地域
の防災体制について、

・**大規模震災時、消防を含め、公的な救助機関は多くの人を助けられる
のか**
・**都道府県、市町村の危機管理体制の課題は何か**
・**83万人という人員を要する消防団は今後、どうなるのか**
・**いざ、地域の災害にあった時にあわてないためには、何を日頃から注
意すべきか**

などについて、触れています。

　そして、長年、危機管理に携わったものとして考えることについて、

・**災害から家族を救うために、事前の想像力をどう生かすのか**
・**地域防災力強化のために何をすべきか**
・**地方公共団体あるいは会社で危機管理体制を構築するために何をする
のか**
・**市町村長さん（社長さん）向け危機管理の３つの極意とは**
・**危機管理のリーダーになるためにはどうすべきか**

などについて、考えを示しています。

　本書は、2018年（平成30年）７月26日に東京・千代田区の憲政記念館
で開催されたグローバル・イッシューズ総合研究所公開講座（共催：一
般財団法人尾崎行雄記念財団）や同年11月16日に開催された三井不動産
オフィス全国大会等で著者が講演したものをベースとして加筆修正して
います。

　また、2020年（令和２年）に日本と世界を恐怖に陥れた「**コロナ
との戦い**」を国家の危機管理の観点から概観し、第零章として紹介
しました。

本書の中でも、何度か触れていますが、危機管理で大切な心構えは、

「訓練なくして実践なし」

「マニュアルの作成、訓練、マニュアルの見直し、その繰り返し」

です。

　本書が地方公共団体や会社で危機管理体制を構築しようとされている方々、あるいは高度化を図ろうとされている方々への一助となれば幸いです。

大庭　誠司

目　次

はじめに

【イラスト】葛窪　真紀子

零　コロナとの戦い

東京湾・羽田沖—。

　突如、東京湾アクアトンネルが巨大な轟音とともに大量の浸水に巻き込まれ、崩落する原因不明の事故が発生。

　首相官邸では総理大臣以下、閣僚が参集されて緊急会議が開かれ、「崩落の原因は地震や海底火山」という意見が大勢を占める中、内閣官房副長官・矢口蘭堂だけが、海中に棲む巨大生物による可能性を指摘。内閣総理大臣補佐官の赤坂秀樹をはじめ、周囲は矢口の意見を一笑に付すものの、直後、海上に巨大不明生物の姿が露わになった。

　慌てふためく政府関係者が情報収集に追われる中、謎の巨大不明生物は鎌倉に上陸。普段と何も変わらない生活を送っていた人々の前に突然現れ、次々と街を破壊し、止まること無く進んでいく。

　政府は緊急対策本部（巨大不明生物特設災害対策本部）を設置し、自衛隊に防衛出動命令を発動。未曽有の脅威に対し、日本のみならず世界もその行方を注視し始める。

　そして、川崎市街にて、"ゴジラ"と名付けられたその巨大不明生物と、自衛隊との一大決戦の火蓋がついに切られた。

　果たして、人智を遥かに凌駕する完全生物・ゴジラに対し、人間に為す術はあるのか？

（映画「シン・ゴジラ」東宝のHPより（一部抜粋））

　令和2年2月3日に乗客・乗員約3,700人を乗せて横浜港に到着したダイヤモンド・プリンセス号、ライブハウス、屋形船、スポーツジム等の多くのクラスターの出現。

　コビット19（COVID-19）と呼ばれるウイルスが、日本を、そして世界を恐怖に陥れた。

　令和元年12月中国の武漢市から始まった新型コロナウイルス感染症の集団感染は、世界中へのパンデミックに広がりました。まさにこの本を上梓しようという段階で、政府を挙げて、また、世界を挙げて、この危機に臨んでいる最中です。

　ここでは、令和２年１月に日本に危機が忍び寄ったころから５月までに知りえた範囲で、国家の危機管理の側面から見た新型コロナウイルス感染症に対する政府の対応等について紹介します。

1　政府として、この事態にどう対処したのか

> ➡閣議決定による「新型コロナウイルス感染症対策本部」を設置し、「新型コロナウイルス感染症対策専門家会議」の助言等を得ながら、政府として、一体的に対処

（令和２年３月ごろまでの状況）

　今回の新型コロナウイルス感染症に関して、政府全体の動きとしては、令和２年１月21日に開催された「**新型コロナウイルスに関連した感染症対策に関する関係閣僚会議**」が最初の活動でした。その頃、この感染症は未知の「新感染症」ではないため、**新型インフルエンザ等対策特別措置法（インフル特措法）**の対象外と位置付けられました。このため、政府全体の対処体制としては、新型インフルエンザ等対策特別措置法第15条に定める政府対策本部を設置するのではなく、**閣議決定による「新型コロナウイルス感染症対策本部」**（本部長：内閣総理大臣、副本部長：官房長官及び厚生労働大臣）を令和２年１月30日に、内閣に設置し、その対応にあたりました。併せて、同日新型コロナウイルス感染症対策本部長決定として内閣危機管理監を議長とし各省庁の局長級から構成される「**新型コロナウイルス感染症対策本部幹事会**」を組織しま

した。

　初動の段階で、私権制限をより強く含むインフル特措法に基づく政府対策本部の設置、対処措置の実施ではなく、感染症法等既存法の運用で対処しました。

　新型コロナウイルス感染症は**2月1日から感染症法の指定感染症に指定**され、同法に基づく医師の届出、積極的疫学調査、患者への医療提供などを行う対象とされました。

　この間、新型コロナウイルスに係る対応について、**国家安全保障会議（NSC）の緊急事態大臣会合**が、令和2年1月31日を皮切りに12回（〜5月14日）開催されています。後述しますが、平成26年1月に設置されて以来、国家安全保障会議として、外交・防衛に関する**"四大臣会合"**（令和2年1月末までで162回開催）及び国防に関する**"九大臣会合"**（同46回開催）は数多く開催されてきましたが、重大緊急事態への対処強化のための**"緊急事態大臣会合"**が開催されたのは、今回の案件が初めてとなります。

　その他、国立感染症研究所所長脇田隆字氏を座長とする「**新型コロナウイルス感染症対策専門家会議**」を2月16日から開催し、政府に対して医学的見地から助言等を行っています。

　その後、事態の深刻化に伴い、新型インフルエンザ等対策特別措置法の改正が行われ、新型コロナウイルス感染症について、暫定的に同法の新型インフルエンザ等とみなすこととされ、同法に定める政府や地方自治体の新型インフルエンザ等対策行動計画の対象となることとなりました。改正法は3月14日から施行されました。

　令和2年1月から3月までの新型コロナウイルス感染症対策本部の資料等によれば、新型コロナウイルス感染症に対する対処措置については、新型インフルエンザ等対策政府行動計画に沿ったものも多く、十分とはいえないものの、新型インフルエンザ等対策で用意していたこと等がその対策に一定程度、役立っているものと考えられます。

　即ち、新型インフルエンザ等対策政府行動計画では、発生段階の状況ごとに、未発生期、海外発生期、国内発生早期、国内感染期、小康期の５段階に分け、段階ごとにサーベランス、予防・まん延防止、医療、国民生活及び国民経済の安定確保等の対処すべき措置を掲げています。また、同法に基づき、都道府県や市町村等の行動計画も定めることとされています。

　この政府行動計画で基本的戦略として掲げられている重要事項の一つは、今回のコロナへの対応の考え方として、厚生労働大臣が記者会見等で何度も強調していた「流行のピークを遅らせ、医療体制の負荷を軽減する」（図A）、すなわち医療崩壊を招かないようにすることです。今回の政府の一連の措置は、この理念を重視した上で、新型コロナウイルス感染症の特徴を踏まえながら、新型インフルエンザ等対策政府行動計画

図A　新型インフルエンザ等対策政府行動計画の基本的な戦略（内閣官房 HP より）

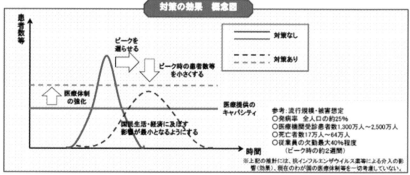

の内容に準じた形で、実施されたものと考えられます。今回の政府の措置の評価については、後世に委ねられるものですが、令和２年３月下旬までの状況から判断すると、３月19日に開催された専門家会議でも述べられているように、「爆発的な感染拡大には進んでおらず、一定程度、持ちこたえている」のは、インフル特措法の改正前までの期間はこの法の直接の対象ではないものの、この事前の準備があったからこそとも考えられます。

　　以下の**消くん**と**防くん**のコラムは、「月刊消防」（2020年６月号・７月号（東京法令出版））に「**危機管理アレコレ**」として筆者が掲載したものの抜粋・加筆したものです。**消くん**と**防くん**の性格は次の通りです。
　　消くん…長年、官邸地下の危機管理センターに生息。国家の危機管理や消防行政に携わる。得意技はカオスのときもテンパらずに仕事ができること
　　防くん…防災や消防に興味津々。学ぶなら聞くがモットー。家族愛、郷土愛と人類愛にあふれ、減災を目指し、イザに備え、日々勉強中

〈　コロナに対する法的武器は？　〉
防くん「新型コロナウイルス感染症のまん延は、大変な事態だね。ところで、何で、コロナという名前なの？」

図Ｂ　新型コロナウイルス
（Wikimedia Commons
より引用）

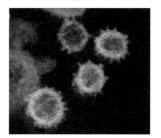

消くん「**図Ｂ**を見てみて。図のウイルスの形を見ると、表面に突起が見られ、王冠に似ていることから、ギリシャ語で王冠を意味する“**corona**”という名前が付けられたんだ。」
防くん「そうなんだ。でも、その王冠のせい

で、経済は落ち込む、学校にも行けない、スポーツはできない、とんでもないことになっているね。」

消くん「俗な言い方をすれば、これは**人類とコロナウイルスとの戦争**だね。我々に今降りかかっていることは、そして、歯をくいしばって耐えなければならないことは、人類として生き残るための戦争が起きているという前提で捉えないといけないね。」

防くん「こんな事態に、政府は事前に備えていなかったの？」

消くん「ウ～ん、その評価は難しいところだね。ただ、全く何もしてなかったわけではなく、2003年（平成15年）の SARS や2012年（平成24年）の MARS の世界的な流行、平成21年に発生した**新型インフルエンザ（A/H1N1）**の経験を踏まえ、平成24年5月11日に新型インフルエンザ等対策特別措置法が公布され、平成25年4月13日に施行された。この法律に基づき、新型インフルエンザや新感染症に対して、事前に備えることとして、政府や自治体にいざというときのための行動計画を策定する義務が課された。さらに、重大な事態が生じたときの備えとして、イベント等の中止要請や医療施設設置のための強制的な土地の収用などの措置ができるように法的な整備がされたんだよ。」

2　インフル特措法をコロナに適用

> ➡令和2年3月14日以降はインフル特措法に基づき、政府対策本部・都道府県対策本部の設置、基本的対処方針の決定、緊急事態宣言の発出等により、コロナへの対処を実施

（令和2年3月以降5月中旬までの状況）

回の新型コロナウイルス感染症について、当初、政府が**新型イン**
　今　**フルエンザ等対策特別措置法**の対象外としたことについては、評
価が分かれるところです。インフル特措法は政府に非常に強い権限を付
与する法律です。条文を見ると、まさに有事や災害時に発動される**武力**
攻撃事態法・国民保護法や**災害対策基本法**と同様の私権制限を含む強力
な措置・権限を取り入れている部分も多く、初動からこの法律を適用す
ることに抑制的だったのは一つの考えだと思います。特に、インフル特
措法に基づく政府対策本部を設置した後で、さらに緊急事態宣言をする
段階になると、興行場、催物等の制限等の要請・指示、特定物資の売り
渡しの要請・収用等の強制的な措置が可能となります。

　この改正を行った時点（令和２年３月14日の記者会見）では、安倍総
理は「現時点で（法に基づく）緊急事態を宣言する状況ではない」と判
断しています。

　ただ、今後、日本でもパンデミックの事態に備えるという観点からす
ると、新型コロナウイルス感染症に関してこのインフル特措法を、さら
に同法に基づく緊急事態宣言をいつでも適用できる法改正を行ったこと
は重要な判断でした。そうならないことを祈るものの、想定外に常に備
えるのも危機管理の鉄則です。

　インフル特措法の適用対象となった３月14日以降、政府の対処措置、
地方自治体の対応も法に基づく措置等が次々を講じられることとなりま
した（**図Ｃ**及び(29)、(30)ページの**表**参照）。

　３月23日に**新型コロナウイルス感染症対策推進室**を内閣官房に設置し
たほか、３月26日にはインフル特措法に基づく**新型コロナウイルス感染**
症対策本部を内閣官房に設置しました。これを受けて、各都道府県にお
いても法に基づく対策本部を設置、あるいはそれぞれが設置していた各
県の対策本部を法に基づくものに改組しました。

　３月28日には、インフル特措法に基づき**基本的対処方針**が決定されま
した。このころの全国の新規感染者の状況ですが、３月上旬、中旬では

図C　新型インフルエンザ等対策特別措置法の枠組みと事業者に対する措置の例

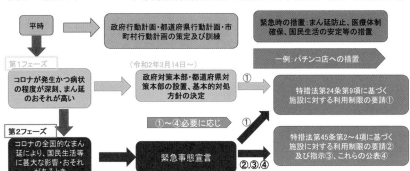

おおむね50人を下回っていたものの、下旬には100人から200人を超える
ような勢いで増加し、4月10日前後には700人前後と急激に感染が広
がっていきました（**図D**参照）。

　このような状況を受け、政府対策本部は、4月7日には、インフル特
措法に基づき、7都府県を緊急事態措置を実施すべき区域とする**緊急事
態宣言**の発出をし、さらに、16日には、全都道府県をその区域とする緊
急事態宣言を発出しました。

　これらの宣言を受け、各都道府県知事がインフル特措法第45条第1項
に基づく県民への外出自粛の要請を行うとともに、同法第24条第9項に
基づき施設の使用停止・イベントの開催停止要請を行いました。さら
に、一部の都道府県では、同法第45条第2項、第3項及び第4項に基づ
き、**施設に対する利用制限・イベントの開催制限等の要請、指示及び公
表**を行いました。

　これらの法律に基づく外出の自粛要請や営業停止の要請などのほか、
総理や知事による度重なる国民に対する呼びかけ・お願い、マスコミ各
社による報道等により国民が危機感を共有できたことがその後の**国民の
行動変容**につながったのではないかと思います。

　5月上中旬には一日の新規感染者数は100人前後、あるいはそれ以下

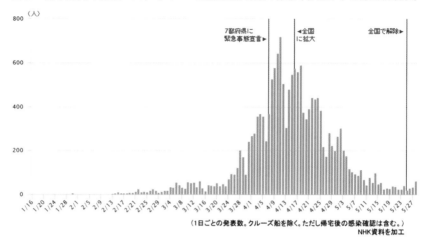

図D　日本国内の新型コロナウイルス新規感染者数の推移（令和2年5月28日現在）

（1日ごとの発表数。クルーズ船を除く。ただし帰宅後の感染確認は含む。）
NHK資料を加工

に大幅に減少しました。このことは、初期の基本的対処方針（4月7日）で示された、正直無理かと思うような**「最低7割、極力8割程度の接触機会の低減を目指す」**とされた外出自粛の要請が東京都の主要駅をはじめある程度達成できた（緊急事態宣言前後における全国主要都市の人口変動分析（ドコモ）等による。）というような行動変容が、国民全体でできたからだと思います。リモートワークの推進や経済的には大きな損失だったもののキャバレー等飲食店等が営業を自粛していただいたのも大きかったと思います。

　ただ、一部のパチンコ店ではインフル特措法第24条第9項の要請にも応えず、同法第45条第2項の施設の使用停止要請、さらには同条第3項の使用停止指示、同条第4項の公表にもかかわらず、営業を続けた例もありました（**図C**参照）。

　＊新型インフルエンザ等対策特別措置法は、新型インフルエンザ等が
　　発生したと認めるとき、厚生労働大臣から総理大臣への報告、政府
　　対策本部の設置、国会への報告、都道府県本部の義務設置、基本的

対処方針の定めなど、一連の手続きを定めていいます。また、国民に著しく重大な被害を与えるおそれがあるような新型インフルエンザ等が発生し国民生活及び国民経済に甚大な影響を及ぼすおそれがあるような事態が発生したときは、緊急事態宣言をして前述の強力な措置を行うこととされています。

＊新型インフルエンザ等対策特別措置法（抄）

・第24条〜政府対策本部・都道府県対策本部が設置された場合の措置

　9　都道府県対策本部長は、当該都道府県の区域に係る新型インフルエンザ等対策を的確かつ迅速に実施するため必要があると認めるときは、公私の団体又は個人に対し、その区域に係る新型インフルエンザ等対策の実施に関し必要な協力の要請をすることができる。

・第45条〜緊急事態宣言が発出された場合の措置

　　　特定都道府県知事は、新型インフルエンザ等緊急事態において、（中略）当該特定都道府県の住民に対し、（中略）生活の維持に必要な場合を除きみだりに当該者の居宅又はこれに相当する場所から外出しないことその他の新型インフルエンザ等の感染の防止に必要な協力を要請することができる。

　2　特定都道府県知事は、新型インフルエンザ等緊急事態において、（中略）学校、社会福祉施設、興行場その他の政令で定める多数の者が利用する施設の施設管理者等に対し、当該施設の使用の制限若しくは停止又は催物の開催の制限若しくは停止その他政令で定める措置を講ずるよう要請することができる。

　3　施設管理者等が正当な理由がないのに前項の規定による要請に応じないときは、特定都道府県知事は、（中略）当該施設管理者等に対し、当該要請に係る措置を講ずべきことを指示することができる。

4 　特定都道府県知事は、第二項の規定による要請又は前項の規定
　による指示をしたときは、遅滞なく、その旨を公表しなければな
　らない。

3　司令塔はどの組織が担うのか

> ➡内閣官房に設置されている新型インフルエンザ等対策室、事態
> 室、補室（副長官補の下の審議官以下の事務メンバー）等が、厚生
> 労働省等関係行政機関の協力を得て、政府全体の司令塔として活
> 動。令和２年３月23日に内閣官房に推進室を新設

　平成７年１月に発生した阪神・淡路大震災、同年３月に起きた地下
鉄サリン事件、平成９年１月のロシアタンカーナホトカ号海難・
油流出事故等を受け、内閣に内閣官房長官及び内閣官房副長官の下に国
防事項を除いた危機管理（国民の生命、身体又は財産に重大な被害が生
じ、又は生じるおそれがある緊急の事態への対処及び当該事態の発生の
防止のこと）を統括する内閣危機管理監が平成10年４月に設置されまし
た。また、危機管理監の下に安全保障・危機管理担当（後の事態対処・
危機管理担当）の副長官補や危機管理審議官等を配置するとともに、そ
れまでの内閣安全保障室を改組し、**内閣安全保障・危機管理室（通称、
安危室）**が設置されました。その後、武力攻撃事態法や国民保護法の制
定、国家安全保障会議設置法の改正等により、内閣官房に**国家安全保障
局**が設置、安危室は通称、**事態室**（副長官補（事態対処・危機管理担
当）付）となり、国家の緊急事態への対処に関する総合調整等を担当し
ています。
　まさに国民の生命、身体・財産に重大な被害が生じる、又は生じるお
それがある緊急事態への対処に対する国家としての体制強化が図られて

きています。

　この事態室の所掌分野を概観したものが内閣官房ホームページに掲載されている１ページの**図１**です。この図の例示にもあるように、新型インフルエンザについても、国家の緊急事態ととらえています。新型コロナウイルス感染症への対処に関する政府の総合調整の中心の一つとして、特に初動を中心に事態室がその役割を果たしています。

　一方、内閣官房には内閣官房組織図（内閣官房ホームページ（令和元年11月30日））によれば、一億総活躍推進室、拉致問題対策本部事務局など、38の室や事務局が設置されており、多くの事案について総合調整を期待されている分野があります。感染症に関しては、新型インフルエンザ等対策室及び国際感染症対策調整室がその中心的な担当を担っています。

　新型インフルエンザ等対策室は、平成21年春に日本において感染が拡大した2009年新型インフルエンザを契機として、同年７月に内閣審議官以下の体制で内閣官房に設置されました。また、国際感染症対策調整室は、西アフリカにおけるエボラ出血熱の感染拡大及び韓国における中東呼吸器症候群（MERZ）の感染拡大を背景として、平成27年９月に同じく内閣官房に設置されました。これらの室も、今回の新型コロナウイルス感染症への対処に関する総合調整を行っていたものと考えられます。

　いずれにしろ、今回の新型コロナウイルス感染症に対しては、令和２年１月から３月までの間、新型インフルエンザ等対策室、事態室、内閣官房の事務の中心である補室（内政）等が、厚生労働省等関係行政機関の協力を得て、政府全体の司令塔として活動したものと考えられます。

　当面の間、このような体制で臨んだものの、新型インフルエンザ等対策特別措置法の改正、事態の進展等を踏まえ、政府は３月23日付で内閣官房に**新型コロナウイルス感染症対策推進室**を約50人の体制で新設しました。全省庁にかかわる事柄であり、強権的な措置の発動の可能性、都道府県等地方公共団体との連携を強化する必要性、さらには緊急事態宣

言も視野に入れた形での体制強化でした。

　振り返ってみれば、大規模地震発生時、あるいは弾道ミサイル対処のときに、事態室が、あるいは内閣府防災が一つの部屋で、事態対処に係る各班を各省庁からの人員も加えて組織し、数十人体制で災害対策本部等の運営をするように、今回の事案発生初期のころから、そのような体制を整えてこの事案も処理すれば、より総合的な対処が可能だったとも考えられます。

　3月26日には、これまで閣議決定により設置されてきた新型コロナウイルス感染症対策本部が、**インフル特措法第15条に基づく対策本部**に格上げされ、まさに、施策を総合的に実施することとされました。

＊　平成13年に実施された中央省庁等改革の目玉の一つが、内閣機能の強化でした。これを具現化するために内閣法により内閣官房が内閣の重要施策に関し企画立案・総合調整を担うなど内閣官房の機能強化等、内閣及び内閣総理大臣の補佐・支援体制の強化が図られました。各省庁縦割り行政から、府省庁横断的総合調整機能を持つ、いわば強い内閣の誕生です。

　　その後、さまざまな重要案件について、政治主導で取り組む等の理由から、内閣官房・内閣府に業務が集中してきました。参議院内閣委員会瀬戸山順一氏の調査（「内閣官房・内閣府の業務のスリム化」2015年5月立法と調査）によれば、平成13年から平成27年までに、

　　・法律により内閣に置かれ内閣官房が事務を処理する本部等の数
　　　1→20

　　・副長官補の下に設置されたいわゆる分室の数　　5→31

　　・内閣官房の定員・併任者数　　800人程度→1,900人程度

　と総合調整業務が内閣官房に集中してきています。都度、スリム化等見直しが行われたものの、現在の内閣官房の組織は、大変、多くの組織を抱えている状況です。今後も発生が予測される新型インフルエン

ザ等の感染症対策について、事態ごとの対処ではなく、例えば補室
（内政）の新型インフルエンザ等対策室を事態室に取り込んでおくな
ど、統一的な対処組織の在り方が検討されるべきものと考えます。

4　インフル特措法は災害対策基本法や国民保護法と似ている？

> ➡インフル特措法、災害対策基本法、武力攻撃事態法・国民保護法
> は、それぞれ、対象とする事態は異なるものの、国民をはじめ政
> 府・地方公共団体・民間など国を挙げて取り組むべき事態への対処
> 方法を規定

防くん「今回のコロナは、令和2年2月1日に感染症法に基づく「指定
　　　　感染症」に指定され、一方、3月14日には新型インフルエンザ
　　　　等対策特別措置法の対象ともなったんだよね。この二つの法律
　　　　はどういう関係にあるの？」

消くん「わかりにくいよね。一概には比べられないけれども、おおまか
　　　　な概念として、
　　　　　消防法等→災害対策基本法「非常（緊急）災害」「災害緊急事
　　　　　　　態の布告」
　　　　　消防法等→武力攻撃事態法、国民保護法「武力攻撃事態」「緊
　　　　　　　急対処事態」
　　　　　感染症法等→インフル特措法「緊急事態宣言」
　　　　というイメージかな。」

防くん「消防法と災害対策基本法はどういう関係？」

消くん「**図E**に消防法と災害対策基本法、さらに、感染症法とインフル
　　　　特措法の関係を示しているよ。とらえる事態は違うけれど、基
　　　　本的考え方は相似している。消防法はそもそも、個々の火災に

図E　国家の重大事態に関する法制と個別法の関係（例）

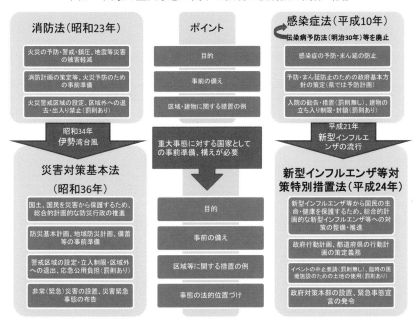

どう対処するのかということから法整備がされてきている。火災予防という観点から消防用設備等の義務付けや、警防活動としての破壊消防の権限等を規定している。その延長として、災害対処（主に現場における対処）にも対応してきたけれども、昭和34年の伊勢湾台風を契機に、

・政府における大規模災害時対応に係る体制が未整備
・災害関係の法律は一本化していない
・事務も各省行政の中にバラバラ、責任の所在も不明確

ということから、総合的な計画的な制度としての災害対策基本法が制定されたんだ。」

防くん「災害対策基本法により、総合的な計画的な体制の構築を目指すとは？」

消くん「国や地方公共団体が事前に災害に対する計画をしっかり作り、
　　　　災害に対して準備をし、いざというときの権限・措置を法的に
　　　　手当てしたよ。具体的には、
　　　　　・国、都道府県、市町村、指定公共機関等の防災に関する計画
　　　　　　の作成
　　　　　・災害予防、災害応急対策、災害復旧という段階ごとに、各主
　　　　　　体の役割や権限を規定
　　　　　・災害応急対策における避難指示、警戒区域の設定、立入の制
　　　　　　限・禁止、退去命令等の措置を規定
　　　　等について、法律で定めたんだ。」

防くん「感染症法とインフル特措法の関係もそうなの。」

消くん「結核、コレラ等の個別の感染症（住宅火災、ビル火災等）に対
　　　　しては、感染症法（消防法）で通常は対処する。その中で、特
　　　　に、「国民の大部分が現在その免疫を獲得していないこと等か
　　　　ら、全国的かつ急速にまん延し、かつ、これにかかった場合の
　　　　病状の程度が重篤となるおそれがある」ような**大変な感染症**
　　　　（新型インフルエンザ、新感染症）（非常災害、緊急災害）に対
　　　　処するために**インフル特措法**（災害対策基本法）で総合的に、
　　　　計画的に対処する。そういう構成だよ。インフル特措法では、
　　　　事前に、政府行動計画（防災基本計画）や地方公共団体の行動
　　　　計画（地域防災計画）を策定し、いざそのときには「**緊急事態**
　　　　宣言」など感染症法ではとりえないような国家としての構え
　　　　や、イベントの中止要請・指示、臨時の医療施設設置のための
　　　　強制的な土地の使用等の措置を定めているよ。」

防くん「まさに、国家を挙げて災害に対処するように、新型インフルエ
　　　　ンザ等に対処する法体系ができているんだね。新型コロナウイ
　　　　ルス感染症も、この法律の対象なの。」

消くん「もともとのインフル特措法では対象とされていなかった。令和

２年３月にインフル特措法が改正され、コロナもその対象とされたんだよ。」

5　緊急事態宣言が解除〜普通の暮らし？

➡令和２年５月14日に39県について緊急事態宣言が解除され、21日に京都府、大阪府及び兵庫県が、25日には残り５都道県が解除され、全都道府県が解除。我々はこれまでの生活に戻れるのか。

（５月中旬以降の状況）

|令|和２年５月上中旬には一日の全国の新規感染者数は100人前後、あるいはそれ以下と大幅に減少しました。さらに、５月中下旬（５月15日以降）になると、連日、50人を下回るような状況になりました。

　このような状況を受け、政府（新型コロナウイルス感染症対策本部）は、４月16日に全都道府県の区域を対象に発出されていた緊急事態宣言について、特定警戒都道府県以外の34県と特定警戒都道府県のうち５県について、緊急事態措置を実施する必要がなくなったとして、５月14日に宣言の対象区域から解除しました。まさに**緊急事態宣言の解除**が初めて宣言されました。これは、新型コロナウイルス感染症対策の基本指針（５月14日）によれば新型コロナウイルス感染症の感染の状況、医療提供体制、監視体制等を踏まえて総合的に判断したものとされています。

　５月14日の時点で、引き続き緊急事態措置を実施すべき地域として解除されなかった地域は、北海道、埼玉県、千葉県、東京都、神奈川県、京都府、大阪府及び兵庫県とされました。

　５月21日には、再度、感染の状況等について分析・評価を行い、上記のうち、京都府、大阪府及び兵庫県が解除され、５月25日には遂に残り

の５都道県についても解除されることとなり、結果として全ての都道府県が緊急事態措置を実施すべき区域に該当しなくなったことから、緊急事態そのものの解除宣言が発出されました。

　ただ、**今後の第２波、第３波**に備え、従前の普通の暮らしに一辺に戻るのではなく、「**新しい生活様式**」が社会経済全体に定着するまで、一定の移行期間を設け、地域の感染状況の評価等を行いながら、**外出等の自粛、イベント等の開催制限等を段階的に緩和**することとされました。

防くん「本当にみんなの努力によって、令和２年５月中旬には全国の新規感染者数の減少が大きくみられたね。一方、**経済損失に与える影響**は大変大きく、行動自粛・営業自粛の解除を求める声も日増しに強くなったね。営業自粛等の解除を国に先駆けて地方自治体でも試みようという動きがあったよね。」

消くん「一番最初にそのきっかけを作ったのは、大阪府の吉村知事だったと思うよ。まだ、全国の新規の感染者数が200〜300人程度だった５月５日に、府独自の考え方に基づく「営業の自粛要請を解除する基準」と、解除後に「自粛要請を再要請する基準」を示したよ。自粛要請からの**出口戦略**を定めたものであり、同時に、再流行したときの**警戒戦略（入口戦略）**を定めたものだね。」（**図Ｆ**、**図Ｇ**参照）

防くん「独自の**大阪モデル**として発表したね。」

消くん「そう。その特徴は、何と言ってもわかりやすいところにあるね。具体的には、
　①営業の自粛要請になる・解除する基準を明確化したこと
　②その基準を指標として、府民に見える化を図ったこと
　③通天閣や太陽の塔をライトアップする（５月11日〜）などの工夫で、コロナに立ち向かう府民の一体感を醸成したこと
にあるね。」

図F　大阪府の考え方に基づく自粛要請・解除の基準

大阪府による出口戦略・警戒戦略
→わかりやすさに特徴

・基準の明確化
・指標の見える化
・府民の一体感の醸成

府民への信号

通天閣、太陽の塔のライトアップ

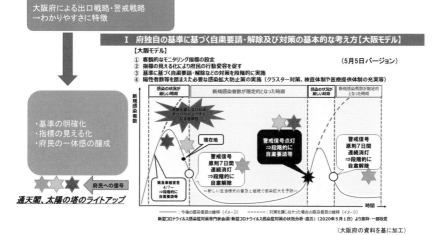

Ⅰ　府独自の基準に基づく自粛要請・解除及び対策の基本的な考え方【大阪モデル】

【大阪モデル】　　　　　　　　　　　　　　　　　　　　　　　　　（5月5日バージョン）
① 客観的なモニタリング指標の設定
② 指標の見える化により府民の行動変容を促す
③ 基準に基づく自粛要請・解除などの対策を段階的に実施
④ 陽性者数等を踏まえた必要な感染拡大防止策の実施（クラスター対策、検査体制や医療提供体制の充実等）

新型コロナウイルス感染症対策専門家会議「新型コロナウイルス感染症対策の状況分析・提言」（2020年5月1日）より抜粋・一部改変
（大阪府の資料を基に加工）

図G　大阪府の考え方に基づく自粛要請・解除のモニタリング指標

Ⅱ　新型コロナウイルス感染症におけるモニタリング指標と警戒基準の考え方

○ 感染拡大状況を判断するため、府独自に指標を設定し、日々モニタリング・見える化。
○ また、各指標について、「感染爆発の兆候」と「感染の収束状況」を判断するための警戒基準を設定。
　　今月中旬に国で検討される判断基準を踏まえて最終決定。
⇒ 以下の①～③の警戒信号全てが点灯した場合、府民への自粛要請等の対策を段階的に実施。
　　以下の②～④の警戒信号全てが原則7日間連続消灯すれば、自粛等を段階的に解除。

＜モニタリング指標と警戒基準の考え方＞

モニタリング指標（見える化）		警戒信号 点灯基準	警戒信号 消灯基準
分析事項	内容 ※病床使用率以外の指標は7日間移動平均		
（1）市中での感染拡大状況	①新規陽性者における感染経路（リンク）不明者前週増加比	1以上	—
	②新規陽性者におけるリンク不明者数	5～10人以上	10人未満
（2）新規陽性患者の発生状況 検査体制のひっ迫状況	③確定診断検査における陽性率	7%以上	7%未満
（3）病床のひっ迫状況	④患者受入重症病床使用率	—	60%未満

※1　警戒基準等は、3月末の感染爆発の兆候が見られた際の実績値等に基づき設定。
※2　今後、患者発生状況等を踏まえ、必要に応じて見直しを検討。

（大阪府資料(5月5日)を基に加工）

防くん「府民にとっても、政府があるいは府庁が内部で協議をして決め
　　　　たものに従え、というよりも、これこれの基準に達したら、行
　　　　動自粛は解除されるんだ、あるいはこの基準がこの数字を超え

　　　た場合、再度行動自粛が求められるんだといった方がとても分
　　　かりやすいね。それを通天閣のライトを使い、警戒基準の到達
　　　レベルを、赤色（警戒レベル）、黄色（注意喚起レベル）、緑色
　　　（基準内）の３色で伝えるのはいいアイデアだったね。」

消くん「一人一人が何ができるわけではないけれども、一人一人の努力
　　　の結集が目に見える形で表現されることにより、府民の一体感
　　　が高まったのではないかと思うよ。」

防くん「一方、政府の方は５月14日になって、特定警戒都道府県以外の
　　　34県と特定警戒都道府県のうち５県について、緊急事態措置を
　　　実施する必要がなくなったとして、宣言の対象区域から解除し
　　　たね。これはどういう基準に基づいたの？」

　　　　＊**５県**‥茨城県、愛知県、岐阜県、石川県及び福岡県。
　　　　　　　　継続して緊急事態措置を実施すべき区域‥北海道、
　　　　　　　　埼玉県、千葉県、東京都、神奈川県、京都府、大阪
　　　　　　　　府及び兵庫県

消くん「政府としては、解除する基準として、「新型コロナウイルス感
　　　染症の感染の状況、医療提供体制、監視体制等を踏まえて総合
　　　的に判断する」としたんだ。」

防くん「具体的には？」

消くん「数値のみではなく、以下の観点を踏まえた総合的な判断として
　　　いるよ。
　　　①感染の状況については、直近１週間の累積報告数が 10 万人
　　　　あたり 0.5 人程度以下を目安
　　　②医療提供体制については、重症者数の持続的な減少、病床の
　　　　状況、患者急増に対応可能な体制が確保
　　　③監視体制については、必要なＰＣＲ検査等が遅滞なく行える
　　　　体制が整備」

防くん「大阪府の基準の方がわかりやすい？」

消くん「政府の基準は緊急事態措置の対象区域から外す基準。大阪府の基準は、緊急事態措置の中の営業の自粛等を段階的に解除していく基準。その違いがあるのと、政府の基準は感染が著しい都道府県の近隣の団体も考慮しなければならないため一律の基準が難しいという相違点はあるね。」

　　　　　＊**政府の警戒基準**（入口戦略）は定量的基準ではなく、基本的対処方針によれば「直近の報告数や倍加時間、感染経路の不明な症例の割合等を踏まえて、総合的に判断」とされている。

防くん「5月25日には残っていた5都道県の緊急事態宣言が解除され、これをもって、全国で法に基づく緊急事態措置を実施する必要がないと判断されたね。やった〜。1月以前の普通の生活に戻っていいんだよね。」

消くん「いやいや、そうはいかないんだ。コロナはこれで終わりではない。第2波、第3波が襲来したときのまん延を防止するという観点から、私たち自身の生活を変えていかなければいけないね。政府は感染拡大を予防するために、「**新しい生活様式**」を定着させることを目指しているよ。」

防くん「新しい生活様式？」

消くん「**図H**にあるように、「3つの密」の回避や「人と人との距離の確保」「マスクの着用」「手洗い」を継続するなど、基本的生活様式で気を付けるべきこと、場面ごとの生活様式、新しい働き方などが、新しい生活様式として提案されているよ。東京都では「新しい日常」と呼んでいるね。」

防くん「with コロナを前提として、これが普通と思わないとね。ソーシャルディスタンス、ソーシャルディスタンス！ところで、Jリーグ等のスポーツイベントやコンサートなどはもう全て、実施していいのかな。」

図H　新しい生活様式の例（東京都）

図I　社会経済活動レベルの段階的な緩和（東京都　令和2年5月26日）

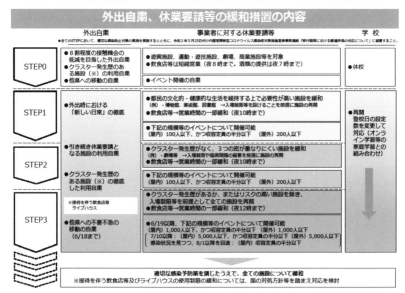

消くん「ダメダメ。スポーツや社会経済の活動レベルは、地域によって違いはあるけれども段階的に引き上げられることになっているんだ。例えば、東京都では**図 1**にあるように、感染状況によって、STEP 0 から STEP 3 を設定し、外出自粛や休業要請について、段階的に緩和していくこととしているよ。イベントを開催する場合の参加人員も STEP により、緩和することとしているんだ。」

防くん「少しずつ、少しずつだね。」

6　第2波、第3波に備えて〜検証と訓練、そしてワクチンの接種準備

> ➡第2波、第3波に備えて、今回のコロナへの対応について、トップのリーダーシップのもと、早急に検証と訓練が必要。ワクチン接種の国民的合意も重要

今回のコロナへの一連の対応について、**第2波、第3波に備える**意味からもしっかりとした検証が必要なのはいうまでもありません。

　政府の初動対応、対策本部設置までの体制、対策本部のあり方、医療提供体制・入国管理・まん延防止策等各措置の内容、国民への情報提供・共有のあり方、インフル特措法・感染症法等の課題の整理、専門家会議・国家安全保障会議等の活用・連携、地方自治体の対処体制、地方自治体との権限・財源のあり方、地方自治体との連携等々、検証しなければならない分野は多岐にわたります。まずは、それぞれの職責の観点から、課題を拾い上げ、できるところから検証していくことが必要です。それぞれの団体において、**トップがリーダーシップを発揮し、検証**

組織の設置、早期の検証の励行、マニュアルの作り直し、そして訓練こそが、次への備えとして重要です。

　また、コロナについて、次の大きな課題はワクチンの接種です。仮に、秋、冬までに一定のワクチンが確保されたとしましょう。ワクチンの接種をどういう人に対して、どういう順番で、だれが接種していくか、大きな課題です。インフル特措法に基づく政府・自治体の行動計画、ガイドライン等にワクチンに関し、「**特定接種**」・「**住民接種**」として、接種の重点対象者・接種体制等について一定の記載がありますが、これらの考え方・ワクチンの接種方法をまとめ、国民の皆さんに理解を求めていくことが大変な作業になると思います。ぜひ、早めに手がけてほしいものです。

防くん「仮に今回のコロナが今後一定程度、おさまったとしても、この秋や冬に第2波、第3波がくる可能性があるね。そのときに備えて、我々は、何を用意しておけばいいのだろうか。」

消くん「まずは、今回の対処方針、対処方法、事前の準備など、その全般について、それぞれの団体、それぞれの職責の観点からしっかりとした**検証**が必要だね。政府や地方公共団体の初動体制、医療体制、マスコミへの情報提供の仕方・報道の在り方等についても必要だね。併せて、今後の感染症に備えるためにも、例えば営業停止の指示に従わなかった場合の罰則の在り方など、法制度の在り方までを含めて検証が行われるべきと思うよ。」

防くん「検証するだけでいいのだろうか？」

消くん「しっかりとした検証に基づいた上で、図上訓練等も行った方がいいね。既に訓練等を実施してきている団体もあるけれども、市町村も含めた全ての自治体で、毎年、大規模地震の訓練を行ってきたように、今回のコロナへの対処を踏まえて、新型インフルエンザに対応した訓練を、見直した行動計画やマニュア

ルに基づき、しっかり行った方がいいね。」

防くん「そうだね。市町村長さんにもぜひ参加してもらって行うべきだ
　　ね。」

消くん「特に、今回、まん延が大きく広がらなかった地域では、広く深
　　刻に広がった東京や大阪の自治体と温度差があると思うよ。ぜ
　　ひ、自治体の危機管理監や危機管理部局が問題意識を持って、
　　しっかりと検証を行い、**市町村長さんや全庁を巻き込んだ訓練**
　　をすることが重要だね。」

防くん「コロナを季節風インフルエンザのように一つの病気として、日
　　常あるためのものとするためには、何が必要だろうか。」

消くん「一番大きなものとして、コロナに対する処方薬の開発・普及、
　　さらにはワクチンの開発・普及・接種がすすめられることが大
　　事だね。」

防くん「国立感染研究所や大学をはじめとする研究機関、医薬品メー
　　カーの皆さんのご尽力が早く実を結ぶといいね。ところで、政
　　府や自治体側で、このワクチンに対して準備は必要ないの。」

消くん「秋までには、コロナに対するワクチンが開発されるという前提
　　で、議論をすると、ワクチンの接種をどういう人に対して、ど
　　ういう順番で、だれが接種していくかが大きな問題だね。」

　　　　＊**政府のコロナに対する基本的対処方針**（5月25日）では、
　　　「ワクチンについて、関係省庁・関係機関と連携し、迅速
　　　に開発等を進め、できるだけ早期に実用化し、国民に供給
　　　することを目指すこと」、「なお、現時点ではワクチンが存
　　　在しないことから、新型インフルエンザ等対策政府行動計
　　　画に記載されている施策のうち、予防接種に係る施策につ
　　　いては、本基本的対処方針には記載していない。」とされ
　　　ている。

防くん「ワクチンが開発されたとしてもすぐに１億３千万人分はないの
　　　　は自明。そうすると誰に接種するか、どういう順番で接種する
　　　　かが大問題になってくる。その接種の順番のヒントは、新型イ
　　　　ンフルエンザ等に対する政府行動計画（平成29年９月）にある
　　　　よ。この計画では、インフル特措法第28条に基づき「医療の提
　　　　供並びに国民生活及び国民経済の安定を確保するため」に、臨
　　　　時に行われる予防接種を**特定接種**とし、その対象となり得る者
　　　　は、
　　　　①医療の提供の業務等を行う厚生労働大臣の定める事業者
　　　　　（「登録事業者」）のうち、厚生労働大臣の定める基準に該当
　　　　　する業務従事者
　　　　②新型インフルエンザ等対策の実施に携わる国家公務員
　　　　③新型インフルエンザ等対策の実施に携わる地方公務員
　　　　とされている。この特定接種は、**図C**の第１フェーズから接種
　　　　可能だよ。また、特定接種の対象者の接種の順番は、公益性・
　　　　公平性を基準として、①医療関係者、②新型インフルエンザ等
　　　　対策の実施に携わる公務員、③指定公共機関制度を中心とする
　　　　基準による事業者（介護・福祉事業者を含む。）、④それ以外の
　　　　事業者の順を基本とされているよ。」

防くん「え〜。特定接種でもワクチンに限りがあることが予想されるこ
　　　　とから、その順位付けがあるんだ。でも、国民はどうなるの。
　　　　この特定接種は国民より先にするの。」

消くん「そう。政府の行動計画によれば、この「特定接種については、
　　　　基本的には住民接種よりも先に開始されるものである」とされ
　　　　ていて、住民接種よりも先に開始されるよ。」

防くん「みんな、わかっているのかなあ。」

消くん「そこが肝心。特定接種の順番等については十分な国民的合意が
　　　　必要だね。今回のコロナに対して、まずは新型インフルエンザ

等対策行動計画の見直しがされると思う。接種についてもコロナに即した考え方が示されると思うよ。この計画について、国民の皆様に丁寧な説明、広報が大切。まさに秋までには必ず用意すべき事柄だね。」

防くん「ところで、**住民への接種**については、いつするの。」

消くん「緊急事態宣言が発出されている場合（第2フェーズ）にはインフル特措法第46条に基づき予防接種法第6条第1項の規定（臨時の予防接種）による予防接種を行うこととなる。一方、緊急事態宣言が行われていない場合（第1フェーズ）については、予防接種法第6条第3項の規定（新臨時接種）に基づく接種を行うこととなるよ。」

防くん「住民への接種についても、順番があるの。」

消くん「行動計画の中では、住民接種の対象を、以下の4つに分類することとされているよ。

①医学的ハイリスク者：基礎疾患有する者等、妊婦

②小児

③成人・若年者

④高齢者（65歳以上の者）

接種順位については、**重症化、死亡を可能な限り抑えることと我が国の将来を守ることの二つの観点を重く考慮し決定される**べきものとしているよ。特に第2フェーズでは、基本的対処方針等諮問委員会に諮った上で、政府対策本部において、決定することとされているよ。各都道府県の行動計画にも予防接種のことが触れられているけれども、政府の行動計画を含め、議論がまだまだと思われるね。」

　＊埼玉県新型インフルエンザ行動計画（平成26年1月）によると、接種体制として、「県は、国が基本的対処方針にお

いて、決定した特定接種の具体的運用（特定接種の総枠、
対象、順位等）について、情報提供を行う。（中略）市町
村は、事前に市町村行動計画において定めた接種体制に基
づき、具体的な接種体制の構築の準備を進める。」として
いる。

防くん「考え方の整理、さらには国民の皆様、県民の皆様の合意づくり
　　　　がすごく難しいね。その上で、全住民に対する接種体制を作り
　　　　上げることは相当な作業だね。」

消くん「政府の新型インフルエンザ等対策ガイドライン（平成30年6
　　　　月）の中にも「予防接種に関するガイドライン」として詳細に
　　　　記述されている。考え方の整理はまだまだ必要と思えるが、た
　　　　だ、国民の皆様にその考え方、具体的な接種方法等を最低限わ
　　　　かってもらうことが必要。いずれにしろ100点満点は絶対にと
　　　　れない。政府が音頭を取り、早い段階から議論して、国民一体
　　　　で考え取り組むことが重要だと思うよ。」

防くん「いずれにしろ、僕たちの隣にいるコロナと、まだまだみんなで
　　　　向き合わなくてはいけないね。」

消くん「第2波、第3波が来ないことを祈ると同時に、来るという前提
　　　　で、しっかりした準備をみんなの手で行っていきたいね！」

表：新型コロナウイルス感染症に関する時系列

（2019年（令和元年）12月〜2020年（令和２年）５月）

	政府の動き	地方自治体の動き等
2019年12月		中国・武漢市において新型コロナウイルス感染症が確認
2020年１月		
16日	厚生労働省、日本で15日夜に初めての患者の確認を発表	1月15日　初めての国内患者発生
21日	第１回新型コロナウイルスに関連した感染症対策に関する関係閣僚会議開催	
28日	感染症法に基づく「指定感染症」に指定（施行：2/7→2/1に前倒し）	
29日	チャーター機で武漢在住の邦人救出（第１便）	
30日	第１回新型コロナウイルス感染症対策本部（閣議決定に基づく。）開催	世界保健機関（WHO）が緊急事態宣言
	第１回新型コロナウイルス感染症対策本部幹事会開催	
31日	コロナウイルスへの対応を議題とした初めての緊急事態大臣会合開催（国家安全保障会議）	
2020年２月		
5日		ダイヤモンド・プリンセス号の乗客から新型コロナウイルス陽性反応（２月３日に横浜港に寄港）
11日		世界保健機関（WHO）が新型コロナウイルスによる病気の正式名称を「COVID-19」に決定
13日	新型コロナウイルス感染症に関する緊急対応策（第１弾）	2月中旬　新規患者発生数10人／日前後
16日	第１回新型コロナウイルス感染症対策専門家会議	
25日	新型コロナウイルス感染症対策の基本方針（対策本部決定）	
26日	総理が「大規模イベントの自粛」を要請	
27日	総理が小中高校等の「全国一斉休校」を要請	
28日		北海道知事が「緊急事態宣言」を発出し、週末外出自粛等を要請

（赤字は政府の主な動き）

2020年3月			
	10日	新型コロナウイルス感染症に関する緊急対応策（第2弾）	3月10日前後　新規患者発生数50人／日前後
	11日		WHO がパンデミック（世界的大流行）を表明
	14日	コロナを新型インフルエンザ等対策特別措置法の対象とする改正法の施行	
	23日	内閣官房に新型コロナウイルス感染症対策推進室（50人規模）を設置	
	24日		東京五輪・パラリンピックの延期が決定
	25日		東京都知事「感染爆発の重大局面」とし、週末外出自粛等を要請
	26日	特措法に基づく新型コロナウイルス感染症対策本部を内閣官房に設置（初会合開催）	各都道府県においても特措法に基づく対策本部を設置（改組）
	28日	政府対策本部が特措法に基づく基本的対処方針を決定	3月末ごろ100人／日前後
2020年4月			
	7日	政府対策本部が緊急事態宣言を発出（7都府県を指定）5月6日まで	4月10日前後600〜700人／日前後
	10日		東京都が特措法第24条9項に基づく施設の使用停止・イベント開催の停止要請を含む緊急事態措置を実施（〜5月6日）
	16日	政府対策本部が緊急事態宣言を全都道府県に発出（7都府県を含め13都道府県を特定警戒都道府県として指定）5月6日まで	
2020年5月			
	4日	全都道府県に対し緊急事態宣言の5月31日まで継続を決定	5月10日前後50〜100人／日前後
	5日		全国で初めて、大阪府が自粛要請・解除の基本的な考え方（大阪モデル）を決定
	14日	緊急事態宣言解除（39県）	5月15日以降50人／日以下
	21日	緊急事態宣言解除（京都府、大阪府及び兵庫県）	
	25日	緊急事態宣言解除（北海道、埼玉県、千葉県、東京都及び神奈川県）→全都道府県解除	

（赤字は政府の主な動き）

I　官邸の危機管理

1　官邸の危機管理体制はどうなっているのか

⑴　国家の危機管理の対象は

　まず、我が国の危機管理とはどんな分野を所掌しているのか、大雑把に示したの**図1**です。

　図の上の方が災害系で、地震から始まって火山災害、そして事故では航空機、船舶、鉄道の事故、コンビナート等の危険物事故、原子力災害、この辺までが防災、といわれる分野です。その下にハイジャック、大規模テロ、不審船、武力攻撃事態、邦人救出などの仕事があります。近年

図1

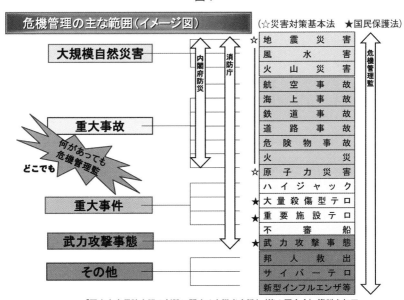

「国家安全保障会議の創設に関する有識者会議」（第2回会合）資料を加工

で言えば、サイバー攻撃なども重要な分野になってきています。何が
あっても、国内外どこであっても、**内閣危機管理監が最初にその事案を
オペレート**するというのが一つのテーマです。危機管理監が我が国の危
機管理をぐっと締めている、統括している姿です。世界中で何があって
も危機管理監が我が国政府側・事務方の危機管理の中心となります。

　国内の話は大体お分かりと思いますが、例えば、ロンドン、パリでテ
ロがあったとき、その国にいる邦人はどうなっているのか、被害に遭っ
ていないのか、各省庁からの情報をもとに**内閣官房に情報を集約**しま
す。私自身、その担当審議官をしていましたが、その当時、パリでテロ
がありました。

・邦人の被害はあるのかないのか

・経済産業省は現地に進出している日本法人の工場や企業の情報を集約
　する

・文部科学省は学校で修学旅行に行っているところがあるのかないのか

・外務省はたびレジ[1]で海外旅行者の動向を把握しているのでその情
　報からパリ旅行中の旅行者の情報を集約する

　こういう各省庁の情報を内閣官房で集約します。そして、日本政府と
してこの事案に対してどういった方針で臨むのかといったオペレーショ
ンを行います。

　一番、私が担当していて困難だった事案は、イスラム国（IS）に拘束
されオレンジ色の服を着せられて大変不幸なことに惨殺された後藤健次
さん、湯川遥菜さんの事件です。2015年1月20日に2名が拘束されたビ

（1）　**たびレジ（外務省海外安全情報配信サービス）**：海外旅行者・海外出張者を
　　　対象とした、日本の外務省による無料の登録システム。「レジ」は英語で「登
　　　録」を意味する「レジスター（register）」の略。2014年7月より運用が開始さ
　　　れた。「たびレジ」のウェブサイトにアクセスして必要事項を登録すると、渡
　　　航期間中、現地の最新の治安情報や緊急事態発生時の連絡などを日本語のメー
　　　ルで受け取ることができる（知恵蔵 mini より）。

デオが世界中に公開され、２月１日に残念ながら惨殺されたという邦人殺害テロ事件でした。その担当をしていましたが、時差があるので夜中も含めて様々な情報が駆け巡ります。その中でどれが真でどれが偽か、大使館の情報や外務省の情報、警察の情報等を集約しながら、官房長官、官房副長官、危機管理監のもとで議論しながら、情報を選択し、対応策をどうするか、時々刻々、そういう対応をとりました。

(2) 危機管理の初動は、オペレーションはどこで行うのか

　それでは、どういう場所でこういうオペレーションを行っているかについてですが、官邸の地下に内閣情報集約センター、官邸危機管理センターがあり、24時間、365日、人が張り付いて対応しています。内閣情報集約センターでは、各省庁、報道機関、電力会社や鉄道、航空会社などの公共機関からの情報を、24時間の体制で集約しています。内閣情報集約センターの職員は交替制でこれらの情報を受け、内容を判断します。図２に示すように、重要な情報であれば内閣情報集約センターに情

図２

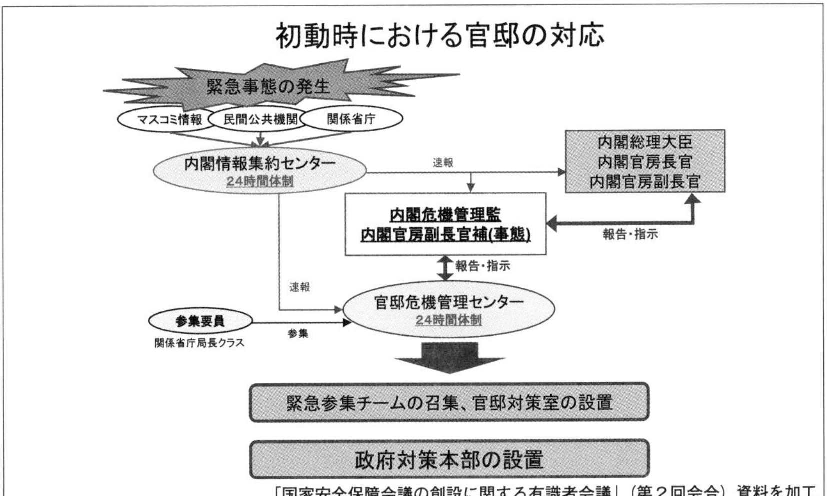

「国家安全保障会議の創設に関する有識者会議」（第２回会合）資料を加工

報が入ってきて、直接、あるいは内閣情報集約センターを通じて危機管理監あるいは官房長官、総理大臣に情報を伝達し、場合によっては緊急参集要員、すなわち各省庁の局長級を呼ぶというような形になります。

　官邸を訪問された方は、よくわかると思いますが、**図3**の写真に見える総理や各大臣が入邸してくる玄関ホールは3階です。ぶらさがりと呼ばれる官邸に入る、あるいは出る各大臣にマスコミがインタビューしている場所は3階です。3階に玄関ホール、会議室、4、5階は総理、官房長官等の執務室、2階にレセプションホール、1階に記者会見室があります。官房長官は政府のスポークスマンとして、毎日、午前、午後1回記者会見をすることが定例となっており、時間の目途は、11時、16時です。地下Ｘ階に危機管理センターがあります。ここは国家機密ですからお話はできませんが、もし、知りたい方は、**麻生幾さんの「ケース・オフィサー」**という小説があります。官邸の様子がこと細かに詳細

図3

総理大臣官邸の構成

官邸本館
- ○　総理大臣・官房長官・副長官等の執務室、閣議室、接見室等会議室及び総理の補佐スタッフの内閣執務室
- ○　記者会見室、記者クラブ室をはじめとする広報関係諸室
- ○　危機管理センター
- ○　臨時ヘリポート

ヘ　リ　ポ　ー　ト

執　務　室　・　閣　議　室　等

玄関ホール・会議室等

レセプションホール

記者クラブ・記者会見室等

危機管理センター

官邸HP及び新官邸の整備方針（平成10年8月24日）より

に書かれています。合っているかどうかわかりませんが、色々なことが書いてあるなと感じていました。

　この地下の危機管理センターに常に何人かの人が張り付いています。内閣情報集約センターも24時間体制ですし、そして危機管理の要員として内閣官房事態室の職員も配置されています。政府全体の事務分担の考え方の整理は難しいのですが、ざくっと言えば政府としての仕事である内閣総理大臣、官房長官が中心となる内閣事務を内閣官房と内閣府が中心となって、**内閣補助事務**として、行っています。

⑶　**事態が起きた場合、国家の危機管理組織の動きの基本は**

　消防庁、防衛省など、各省庁はそれぞれの行政事務を分担管理しています。この事務を**分担管理事務**といいます。立場、立場で国家の危機管理の事務を分担管理して、仕事をしているイメージです（**図4参照**）。

図4

危機管理に対する内閣官房、内閣府、総務省消防庁の組織図

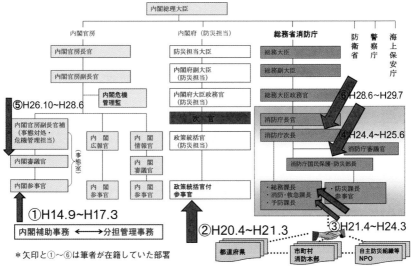

＊矢印と①〜⑥は筆者が在籍していた部署

政府全体の危機管理の仕事は危機管理監と内閣官房副長官補が担当しています。副長官補のポストは事務次官級です。内閣官房には副長官補が３人いて、そのうちの１人が事態対処と危機管理を担当しています。その副長官補のもとで実際の事案に対処しているチームがあります。このチームのことを、通称、事態室と言っています。一方、**内閣情報集約センター**は内閣情報官のもとの組織です。まさに政府全体の情報集約はこの内閣情報官のもとで行われます。内閣情報官のもとにある内閣情報調査室という組織を、通称、内調と呼びますが内調や内閣情報集約センターの情報をもとに事態室が動き出します。そして、事態の推移に応じて事態室が中心となって政府全体の仕切りを行っていくことになります。これらが官邸の地下で起きていることです。

　では、事務の分担管理を任されている各省庁はどう動くのか。

　映画「シン・ゴジラ」を見られた方はお分かりかと思いますが、映画の中で「きんさんチームを呼べ、きんさんチームを呼べ」と官房長官か誰かが、叫んでいますが、あの「きんさんチーム」がすなわち、各省庁の分担管理事務を所掌している局長たちの緊急参集チームのことです。内閣情報集約センターの情報をもとに、事態室の事務方が動き出し、危機管理監の判断で緊急参集チームが招集され、政府の災害対処などの方向性が決定される、これが官邸の地下で行われている危機管理の初動です。

　映画「シン・ゴジラ」の中では、「きんさんチーム」とか、短縮した単語を次々に発していましたが、あんなに早口で色々なことを言ってどうしてわかるのだろうか、１回見ただけでは全部が判読できないな、自分自身は10数年も危機管理をやってきたのにと思いながら見ていました。監督の手法でしょうか。長い説明を飛ばして短い言葉で映画を構成し、全部わからなくても大体の雰囲気でわかるよという、それが映画の手法のようですが、「きんさんチーム」招集とは各省庁の局長、消防庁で言えば次長であった私が官邸の地下に招集されることです。

図5

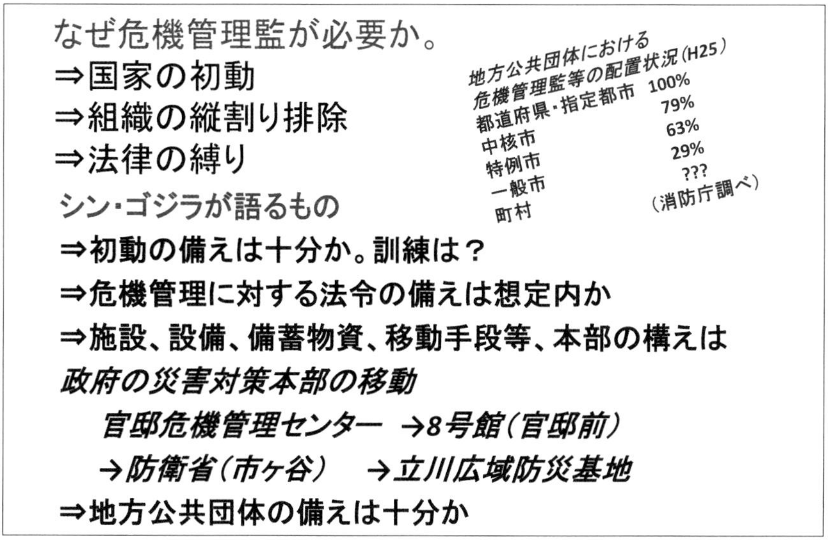

なぜ危機管理監が必要か。
⇒国家の初動
⇒組織の縦割り排除
⇒法律の縛り

地方公共団体における
危機管理監等の配置状況(H25)
都道府県・指定都市　100%
中核市　　　　　　　79%
特例市　　　　　　　63%
一般市　　　　　　　29%
町村　　　　　　　　???
　　　　　　（消防庁調べ）

シン・ゴジラが語るもの
⇒初動の備えは十分か。訓練は？
⇒危機管理に対する法令の備えは想定内か
⇒施設、設備、備蓄物資、移動手段等、本部の構えは
政府の災害対策本部の移動
　　官邸危機管理センター　→8号館（官邸前）
　　　→防衛省（市ヶ谷）　→立川広域防災基地
⇒地方公共団体の備えは十分か

(4)　官房長官の動きは

　実際、地震が起きたらどうなるか、全国で震度6弱以上、東京23区では震度5強以上の地震が起きると各省庁の局長はすぐ官邸の地下に集まれということになります。いわゆる自動参集です。地震が起きて概ね20分から30分後には会議が始まります。そこでどういったことが話されているかというと、地震が起きて30分ではなかなか情報がありません。一番重要なのは気象庁のこの地震についての情報です。被害情報として重要な情報は110番と119番の情報です。地震が起きた、あるいは、その周囲の地元の消防への119番、警察への110番の情報の集約です。

　各省庁の局長が震度6弱以上の地震が起きれば官邸に駆けつけるように、総務省消防庁の職員は消防庁に直ちに駆けつけます。駆けつけた職員はすぐに震度6弱以上の地域とその周辺の地域の消防本部の指令センターに電話をします。指令センターに何を聞くかというと、救急の電話はどれくらいかかってきているのかという正確な件数を聞くのではな

く、普段よりすごく多いのか、電話を取りきれないくらい多いのかといった状況、そして、各消防の管轄地域の中の状況を把握するために高所監視カメラが通常設置されていますが、指令センターでモニターしている監視カメラの状況はどうか、集まってくる消防職員の状況はどうか、指令センターはどの程度揺れたかなどについてお聞きします。総務省消防庁でこれらの情報を集約して、官邸の地下に緊急参集している消防庁次長に、つまり私に電話をして、私から官房長官、危機管理監に今こんな状況ですという話をします。110番も同じように各県警で情報を集め、警察庁警備局長から情報が提供されます。

　それでこの地震の規模はどれくらいか、政府の応援体制はどうするかなど、政府の対応の方向性について検討が行われます。

　ミサイルもそうです。ミサイルが北朝鮮から発射されて、早ければ30分後には同じような会議が始まります。ということは、我々は何か起きれば常に**30分後には官邸**に行かねばならないということになるのです。

　そのための縛りとして一つは**居住制限**があります。官邸近くの危機管理宿舎への居住です。危機管理宿舎の一つが紀尾井町、今の紀尾井町ガーデンヒルズ、昔の赤プリの裏にあります。すごくいいところですが、24時間ずっとそこにいなければならないのは、……。

　もう一つの縛りは、**行動制限**です。各省庁の危機管理担当の局長は、当然、各省庁の危機管理の要員もそうですが、官邸から２キロ以上離れてはいけない。２キロというのは歩いて30分、首都直下地震が起きて交通が完全に麻痺しても歩いて30分で集まれる、そういう場所に皆さんいるという、この２つの制限があります。

　地震が起きてから、１時間するかしない間に官房長官の記者会見が始まります。2018年（平成30年）６月18日㈪の**大阪府北部地震**ですと７時58分に地震があって８時32分には官房長官が記者会見を行いました（官邸クロノロ参照）。ちなみに、各省庁局長の緊急参集チームの協議が始まったのが８時20分でした。

これぐらいのスピード感覚ですので、官房長官の記者会見の文章についてもそのときに一から文章を作るわけではなく、色々なパターンの文章を作っておいて、その状況に合わせて修正して使います。官房長官が政府のスポークスマンとしてしなければならないことは、記者会見を通して国民の皆様に安全安心の報告をお伝えする、今こんな状況ですよ、政府としてこんな態勢をとっていますよ、また地震があるかもしれないので気をつけてください、これから政府としてしっかりとした態勢で地震に対応しますよ。北朝鮮のミサイルであれば、例えばミサイルがどこに飛んでいくか、今の被害の確認状況はこうです、北朝鮮に対しては外務省の大使館を通じて抗議をします。これらは政府のスポークスマンとしての発言であり、国民の皆様への大切な情報提供です。

　地震が発生した場合であれ、ミサイルが発射された場合であれ、官房長官の記者会見要旨だけではなく、短時間のうちに政府の基本方針を決める必要があります。

　このためには、あらかじめ**各種の緊急事態を想定**して、様々な事態ごとに**政府の対処方針のひな型**を検討しておくことが大変重要です。

　この対処方針のひな型には、

・当該緊急事態に被害の大要を含むその概要及び今後の見通し
・当該緊急事態に対する政府の基本的な取組み方針（対策本部の設置等、政府の対処組織を含む。）
・国・地方自治体をはじめ、指定公共機関等の公的な機関を含めた各機関の活動内容と今後の活動方針
・国民の活動への留意事項（冷静な行動早期の避難等）を含めた国民への呼びかけ
・国民に対する情報提供の考え方（事態の動きをどう公表するか）
・抗議等、外国政府に対する我が国の対処の考え方

等について、様々な事態について、様々なパターンを例示的に検討しておくことが必要と思います。**東日本大震災**（平成23年3月11日）が14

時46分に発生したとき、第1回緊急災害対策本部が15時37分に開催され（35ページの**図12参照**）「災害応急対策に関する基本方針」が決定されました。この方針について下記に示します。

「災害応急対策に関する基本方針」

平成23日3月11日

平成23年宮城県沖を震源とする地震

緊急災害対策本部

　本日14時46分頃に発生した地震は、東北を中心に北海道から関東地方にかけての広い範囲を中心に、地震動、津波等により、激甚な被害が発生している模様である。さらに、今後の余震により、被害が拡大する可能性も考えられる。

　このため政府として、以下の基本方針に基づき、地方自治体と緊密に連携し、被災者の救援・救助をはじめとする災害応急活動に総力をあげて取り組むとともに、国民生活及び経済活動が早期に回復するよう全力を尽くす。

1．災害応急活動が円滑に行えるよう、関係省庁は情報の収集を迅速に行い、被害状況の把握に全力を尽くす。
2．人命の救助を第一に、以下の措置により被災者の救援・救助活動、消火活動等の災害応急活動に全力を尽くす。
　(1)　全国から被災地に、自衛隊の災害派遣部隊、警察広域緊急援助隊、緊急消防援助隊、海上保安庁の部隊及び災害派遣医療チーム（DMAT）を最大限派遣する。
　(2)　応急対応に必要な人員、物資等の緊急輸送路を確保するため、高速道路や幹線道路等の通行路の確保に全力を挙げる。
　(3)　救援・救助活動等の応急対策を適切に進めるため、必要に応

じて航空情報（ノータム）の発出等により、関係機関、関係団体の協力の下、被災地上空及びその周辺空域における航空安全の確保を図る。

3．被災地住民の生活の復旧等のため、電気、ガス、水道、通信等のライフラインや鉄道等の交通機関の復旧に全力を挙げる。

4．応急対応に必要な医療物資、食糧、飲料水及び生活必需品、並びに緊急輸送路・ライフライン等の復旧のための人員、物資を確保するため、全国からの官民一体となった広域応援体制を確保する。

5．被災地の住民をはじめ、国民や地方自治体、関係機関が適切に判断し行動できるよう、的確に情報を提供する。

　このような政府の方針を出すまでの流れを再掲します。緊急事態が発生した場合、官邸対策室を設置して対応すべき重大かつ緊急な事態であると内閣危機管理監が判断した場合、関係する各省庁の局長クラスのメンバーを招集して緊急参集チームの会合が直ちに開催されます。

　ただ、特定の事態については、内閣危機管理監の召集がなくとも、関係局長は、事態発生認知後、自動的に参集することが求められています。具体的には、例えば、東京23区以内で震度5強以上の地震が発生した場合、その他の地域で震度6弱以上の地震が発生した場合や津波警報（大津波）が発表された場合などです。

　参集する各省庁の局長クラスのメンバーは、事態の種類ごとに誰が参集するかはあらかじめ定められており、事態ごとにそのメンバーは異なるものの、**危機管理官庁**である警察庁、消防庁、防衛省、海上保安庁では、それぞれ警察庁警備局長、消防庁次長、防衛省統合幕僚監部総括官、海上保安庁海上保安監等は、ほぼすべての事態において緊急参集チームの参集メンバーです。その他の省庁にあっては、例えば、国土交通省では、自然災害では、水管理・国土保全局長、航空機のハイジャック事案では航空局長、鉄道災害では鉄道局長とメンバーが異なってきます。緊

急参集チームの会合では、各省庁の局長からそれぞれの情報が提供され、政府として**情報の共有や事態の把握**が迅速に行われることとなります。また、各省庁においても他省庁の情報を得て、自らの省庁に共有することや官邸を含め政府の方向性や関心事を迅速に把握できることとなります。

　そして緊急参集チームの会合では、政府としての**基本的対処方法や各省庁の応急対策についても**総合調整が行われ、事態に対する基本的な対処方針案について検討が行われることとなります。政府の初動の中でも最も重要な会合の一つです。

（「国家の危機管理」伊藤哲朗著参照）

⑸　危機管理のトップは何をすべきか

　2012年（平成24年）から第2次安倍内閣で官房長官を務めている菅義偉官房長官は、いろいろな意味ですごいと言われていますが、危機管理の感覚についてもすごいです。**危機管理担当のトップ**として多岐にわたり素晴らしいです。政策的なことは触れませんが、とにかく官邸に来るのが早い、地震があってもミサイルが飛んでも、菅官房長官は30分、1時間とかからないで来られる。いつもどこにおられるのだろうと思うのですが、官房長官が早いということはどういう意味があるのかと言いますと各省の局長は、それより早く官邸に来る必要がある、ということは局長が官邸に早く来るだけでは意味がないので各省の担当はより早く登庁し情報を集めなければならない、そうすると**政府全体の初動体制が素早く構築**できる。これはやはり危機管理のトップとして学ぶべきことだと思います。

　会社の社長さんがその任期中、あるいは市町村長さん、全国で1,700余りの市町村がありますが、その4年の任期の間に、その会社や市町村に大きな災害が起きるということはそんなにないですね。2期、3期任期をやっていて、1回大きな災害に当たるかどうか、そういう確率だと思

います。市町村長さんが、あまり危機管理に詳しくないといざ災害が起きたとき、市役所の災害対策本部に行ってもしょうがないなと思われるかもしれません。情報収集も、災害の初期対応も、担当の局長、職員がしっかりやってくれる。自分自身が別にやることないよねと思うかもしれません。確かに本人がやることはないのかもしれません。ただ、あれしろ、これしろと指示するよりは、**重要なのは災害対策本部の中で要と**してそこに座っていることで、周りに緊張感をもたらすことなのです。

　かつての政治家で災害が発生したときに、そのトップがゴルフに行っていて役所に来なかったとか、酒飲みで来なかったとかということがありました。言ってみれば、俺が行かなくたって会社は回っている、市町村も危機管理は回っていると普通思いますよね。行ってもやることないし、この飲み会は大事な町内会の飲み会で大切だ、確かにそうでしょう。しかし、会社も市町村も、危機が発生したときに、まず**最初にトップが駆けつける**ことが一番重要なことなのです。そういう意味で今の官房長官は、本当に早い。イスラム国による邦人殺害テロ事件のときも駆けつけるのもすぐでした。そして、毎晩、夜中までおられて情報集約やどういった対応をとるか集中的に検討をされていました。そのような形で官邸の中が動いています。

　長野県の白馬村を中心に2014年（平成26年）11月22日㊏に長野県神城（かみしろ）断層地震（**長野県北部地震**）がありました。土曜日の夜の10時過ぎの地震でした。先ほどの居住制限、行動制限のおかげで私自身も長いこと紀尾井町の危機管理宿舎住まいでした。ひどいときは、ほとんど紀尾井町にいて、半年で浦和にある自宅へ１回しか帰らないこともありました。ただ、そういう制限がかかっていてもお酒を飲んじゃいけないことはありません。その土曜日、夕方６時から同じように危機管理をやっている友人と二人で紀尾井町の危機管理宿舎の近くで居酒屋に行っていました。９時過ぎに紀尾井町の宿舎に帰って、テレビをつけウトウトしていると緊急参集がかかり、すぐに官邸に駆けつけました。ア

ドレナリンが出て、一気に気が引き締まりました。

　官邸地下への到着は官房長官より早かったですが、すぐに官房長官は来られました。官房長官は、お酒は飲まれないのですが、夜の宴会はお付き合いされているようです。いつものように119番の消防の情報を官邸の地下、危機管理センターでお話をし、ところが、発生後、しばらく白馬村の北側の小谷村と連絡が取れませんでした。小谷村は一体どうなっているんだと言われたので、小谷村は人口約３千人ですが消防団員が約300人いる。今、一般的に消防団員は不足しており、全国平均でいえばこの人口規模だと普通は30人いれば良い方ですが、この村は非常に多い。10人に１人が消防団員である。多分、この村の男性は大体、消防団員の経験があると思われる。ですから、災害対応力は他の市町村より相当強いと思われる、ただ、2004年（平成16年）10月23日㊏の新潟県中越地震の山古志村（当時）と同じように蓋を開けてみない（夜が明けてみないと）とわからないこともありますと、官房長官に報告するとジッと睨まれ、お前いいこと言うなあと構えたんですが、後から考えると酒臭かったんじゃないかなとも思いました。飲んでも飲まれずに自分としては、それなりに担当の仕事をしてきたと思います。

（コラム①　総理官邸における初動対処構築の流れ（図２参照））

　官邸における緊急事態発生時の初動対処体制構築までの基本的な流れは以下の通りです。

①緊急事態が発生するとその第一報は、この情報を最初につかんだ関係省庁、民間公共機関や報道機関から内閣情報集約センターへ

②この情報を把握した内閣情報センターの職員は、これが緊急事態の発生を示すものであると判断したときは、直ちに同じ官邸の地下にいる官邸危機管理センターの職員に速報

③官邸危機管理センターの職員は、この情報を直ちに事案の性質ごとに担当を分担している内閣参事官に報告

④内閣参事官は、報告に基づき事案の性格、緊急度、重大性を見極め、緊急事態が発生したことを内閣危機管理監、内閣官房副長官補及び内閣危機管理審議官に報告

⑤内閣危機管理監は、この情報を受け、事態の重大性、緊急性に応じて、官邸内に官邸対策室、官邸連絡室又は情報連絡室の組織を立ち上げるかどうかを決定

⑥重大かつ緊急な事案については内閣総理大臣、内閣官房長官に報告

（コラム②　官邸対策室、官邸連絡室、情報連絡室とは）

　官邸対策室（レベル高）、官邸連絡室（レベル中）、情報連絡室（レベル低）は、緊急事態のレベルに応じて危機管理センターに設置されます。

・官邸対策室（レベル高）は、緊急事態対処の初動措置を行う組織としては最高レベルの最も緊急度、重大度の高い事態に対応するための組織

　室長は、内閣危機管理監。政府としての初動措置の総合調整のための情報の集約、関係省庁との連絡を実施。総理等への報告や政府としての事態対処体制や基本的対処方針の原案作りや事態発生当初時の政府広報案文も作成

　官邸対策室が設置される場合は通常、各省庁の局長クラスの幹部からなる緊急参集チームが招集

　緊急参集チームは、官邸対策室のメンバーとともに、政府全体の事態対処組織の事務局体制（例：緊急災害対策本部事務局）が整うまで、内閣危機管理監の指揮の下、政府の諸対策の初動活動を総合調整

　その後、政府の対応としては、事態の性格、大きさ等により政府

対策本部、関係閣僚会議、国家安全保障会議等を開催

・**官邸連絡室（レベル中）**は、官邸連絡室を設置するまでには至らない事案やまだ至っていない事案の際に設置

　室長は、内閣危機管理審議官。事案の情報集約、総理等への報告、関係省庁との連絡調整を実施

　事態に応じて関係省庁の課長クラスの幹部を招集して、連絡調整を行う。事態の進展によっては、官邸対策室に格上げ

・**情勢連絡室（レベル低）**は、官邸連絡室を設置するまでには至らない事案などの際に設置

　室長は、内閣参事官。事案の情報集約、総理等への報告

　各省庁からは、通常、職員の派遣は求めない

【「国家の危機管理」伊藤哲朗著から抜粋・要約】

（コラム③　各種緊急事態における対応すべき主な官庁）

　各種緊急事態が発生した場合の主として対応することとなる官庁を例示すれば、緊急事態ごとに以下の通りです。

- ●自然災害〜警察、消防、自衛隊、海保、国交省、気象庁、厚労省他
- ●インフルエンザ〜厚労省、入管、外務省、警察、消防、自衛隊他
- ●原子力災害〜原子力規制庁、警察、消防、自衛隊、厚労省、国交省他
- ●ハイジャック〜国交省、警察、自衛隊、外務省、消防他
- ●武力攻撃事態〜自衛隊、外務省、警察、消防、国交省、海上保安庁、厚労省他すべての省庁

【「国家の危機管理」伊藤哲朗著から抜粋】

2 防災省は必要か

⑴ 防災省のイメージ（図6参照）

　さて、世の中では、**防災省**を作ったらという議論がまた出てきているようです。話題になっている防災省とは、何を目指すのでしょう。

　詳細は分かりませんが、報道を見る限りは、石破茂氏の発言では、専任の大臣、専任のスタッフを置くということがポイントのようです。全国知事会の要望では、指揮命令の一元化・強力な調整権限・トータルな対応というのが、ポイントのようです。

＊**石破氏発言**「災害対応というのは24時間365日、専任の大臣、専任のスタッフにおいて平時からやっていくことが最も必要だ。私は、その平時からの体制として、防災専門の行政の部署が必要だと思っています。」（産経新聞2018年（平成30年）9月14日）

＊**全国知事会**「国難レベルの巨大災害に備えるために、国の指揮命令系統を明確化し、対応調整権限や予算措置権も含めて、災害への備えから復旧・復興までを担う「防災省（仮称）」を創設すること。」（2018年（平成30年）7月26日　国難レベルの巨大災害に負けない国づくりをめざす緊急提言）

＊**全国知事会**「大規模災害を想定し事前復興から復旧・復興までの一連の対策を担う専任の省庁の創設及びそれを指揮する専任の大臣を置くこと。」（2019年（令和元年）7月23日「復興・創生期間」後も必要となる復興及び防災・減災体制の確立を求める提言）

　一方、現在の危機管理の体制は、各省庁が災害に関する分担管理事務を行っていて、その縦割りを危機管理監が総合調整して、官房という組織を使って、政府全体を一体的に動かしています。

　これは、平成13年の省庁改革でできた内閣官房の姿で、それまでは、総理府があったり、国土庁の防災局があったり、一定程度政府全体を統括する組織はありましたが、統括する力は現在と比べると非常に弱かっ

図6

防災省？　初期の災害対応という観点から各省庁の組織を平時の仕事・有事の仕事に分類（イメージ）

	平常時に主に何をするか	平常時に有事の何を検討するか	有事に主に何をするか	組織の例
平時・有事の組織	普段の仕事	有事に災害対処からの人員派遣要請にどう応えるかの検討	普段の仕事＋有事の手伝い	消防庁予防課 総務省自治税務局 警察庁刑事局
平時・有事と有事・有事の組織の中間組織	普段の仕事、所管の有事のオペレーション等の検討	有事に自分たちの管轄の仕事をどう動かすかの検討	所管分野の有事の仕事	消防庁特殊災害対策室 →コンビナート災害 総務省公務員部→被災地への他の公共団体から職員支援の調整 総務省総合通信基盤局→重要通信の確保 警察庁情報通信局→重要通信の確保
有事・有事の組織	有事のオペレーション等の検討	有事のオペレーション等の検討	有事全体のオペレーション	内閣官房事態室 内閣府防災 消防庁応急対策室 警察庁警備局警備課の一部

<u>防災省創設の課題····切り分けの難しさ</u>
・組織の切り分け··どこまでを防災省に取り込む？
・他の緊急事態の扱い··国民保護省まで作る？
・初動の切り分け··トンネル爆破→災害？テロ？
・命令の切り分け··テロと災害同時対処の場合、どちらを優先？だれが判断？

図7

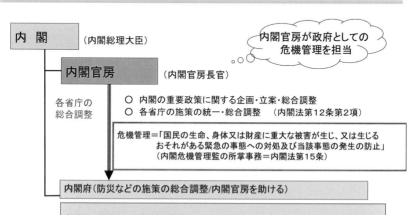

内閣官房の役割

内閣　（内閣総理大臣）

内閣官房が政府としての危機管理を担当

内閣官房　（内閣官房長官）

各省庁の総合調整

○　内閣の重要政策に関する企画・立案・総合調整
○　各省庁の施策の統一・総合調整　（内閣法第12条第2項）

危機管理＝「国民の生命、身体又は財産に重大な被害が生じ、又は生じるおそれがある緊急の事態への対処及び当該事態の発生の防止」
（内閣危機管理監の所掌事務＝内閣法第15条）

内閣府（防災などの施策の総合調整/内閣官房を助ける）

各省庁：所掌に応じ施策を実施
・警察庁　・防衛省　・総務省　・国土交通省　・法務省　・外務省　・財務省
・文部科学省　・厚生労働省　・農林水産省　・経済産業省　・環境省　　等

図8

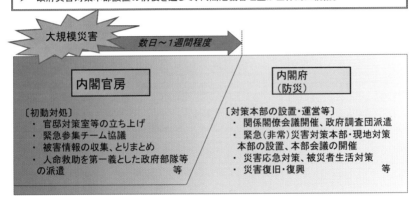

たため、官邸直轄の内閣官房という組織を作り、各省庁の事務を総合調整させることになったのです（**図7、図8参照**）。事務的にこれらを統括しているのが危機管理監で、その危機管理監の事務方が、通称「事態室」（内閣官房副長官補（事態対処・危機管理担当）以下のメンバー）です。その危機管理監、副長官補、事態室職員のもとで、政府全体一体となって国家の危機管理を担う。一つのこの国の危機管理のあり方だと思います。

⑵　防災省創設に当たっての課題〜有事・有事の仕事？

　ただ今言われているのがアメリカの FEMA のような災害対応の巨大な省庁を作るべきではないか、防災省を作るべきではないかのような議論です。私は今の段階では、今の政府全体を束ねる組織（内閣官房や内閣府防災）の充実を図る方がいいのではと思います。

　というのは、災害対応は特定の省庁のみではなく、**全省庁あげて取り組む必要**があり、それができる現体制の方が優れていると思うからです。中央省庁の仕事を防災という観点から眺め直すと、部署により、防災の仕事がその部署の中心的な仕事になっているのか、いないのか、言い換えれば、各部署ごとの仕事について防災の色の濃さが相当違います。これらを一定のところで切り分け、防災省を設置すると防災の色の濃い部署のみで防災の仕事をすべきという議論や防災省でない組織の防災への取り組み姿勢が大きく減退する可能性があります。

　中央省庁の現在の仕事を防災という観点から眺めると、大きくふた通りに、極端に分けると、**有事・有事の仕事**をしている部署と**平時・有事の仕事**をしている部署に区分できます。

　図6を参照していただければと思いますが、有事・有事の仕事とは、平時のときにも有事のことを考え、有事になったら有事のことを中心に考える組織です。平時・有事の組織とは、平時は他の平時の仕事をし、有事は有事の仕事をする。極端にいうと有事・有事の仕事しか持っていない部署と平時・有事の仕事を持っている部署とがあります。職場により、その中間も、あるいは**防災の色の濃さ**はいろいろと存在します。

　有事・有事の仕事を持っている代表は内閣官房の事態室、内閣府の防災担当です。総務省消防庁の中はどうなっているかというと、例えば、**広域応援対策室**、これは、有事・有事の仕事をします。日頃何をやっているかというと**緊急消防援助隊**を所管しており、大規模災害時の消防の応援、災害で困っているところに消防を派遣しますよ。災害への対応として、どういう隊を編成すれば良いか、足りない資機材はないか、指揮系統はどうするかという仕事をやっています。

　ですから、平時から有事のことを考え、いざ地震が起きれば、どこの部隊をどこに行かせるか、2018年（平成30年）夏の西日本豪雨であれば、どこのヘリがどこに飛んで行けば一番効率的に救助できるかを仕事としてやっています。これが有事・有事の組織です。

消防庁の中で**予防課**というのがありますが、これはどちらかというと平時・有事の仕事をしています。平時は、火災予防を中心に、例えば住宅用火災警報器の普及率がどうなっているか、こういうビルだったらこういう防火規制をかけなければいけないなどの仕事をしていますが、いざとなったら消防庁災害対策本部で有事の仕事をします。警察もそうです。警察庁にも有事の仕事が中心の災害対策室がありますが、平時・有事の仕事が多いです。例えば、平時は防犯、犯罪捜査、交通安全などの仕事をし、有事は適宜、災害対処に当たります。

　総務省の中を考えても例えば、自治行政局公務員部という組織がありますが、普段は地方公務員の勤務条件、給与、団結権などの地方公務員制度に関わる仕事をしています。2018年（平成30年）夏の西日本豪雨災害が発生したときは、岡山、広島の両県や両県の市町村の行政組織が災害対応で大変だ、そこへ他県職員の、あるいは他県の市町村職員の応援をどのようにお願いしていくかという有事の仕事をしています。まさに平時・有事の組織です。

　さらに総務省の中では電波行政に携わっているところもあり、普段は周波数をどうするか、テレビ局の問題とか地デジの問題などの仕事をしていますが、いざ、2016年（平成28年）9月の台風による豪雨災害、岩手県岩泉町の災害のときは、あのときは山の中の電波の鉄塔が次々倒れてしまい携帯電話も繋がらなくなる、やはり災害現場での携帯電話は、ライフラインですから、早く復旧したい、市町村や救助機関を含め政府全体の要請です。それを総務省の電波部局が受けて、携帯大手3社に早期復旧のお願いをします。平時・有事の仕事です。

　FEMAとか防災省のような巨大省庁を作ったとき、防災なり、危機管理の仕事を普段の仕事とどこで切るのか、**どこの組織まで防災省に組み込むのか**が大きな問題となります。有事・有事の組織だけそっちに持っていけば良いのか、平時・有事の仕事のどれだけを持っていけば良いのか。もう一つは平時・有事の仕事をやっている人たちに有事のどう

いうマニュアルを作ってもらうか、訓練もしてもらわなければならない、災害が起きたらどう動いてもらうかということをいつも考えておかないといけない。今の危機管理監が中心となる体制であれば、政府全体の縛りが効いているので平時・有事の組織もそれなりに訓練等をしている。ただ、防災省を作ると、防災省でない部署の役割についての全体調整が相当難しいかなと思います。

　それは、現在、内閣官房が政府全体の調整権を担っているというのがすごく意味合いが大きいです。強力なパワーが内閣官房にあり危機管理にはこの強力なパワーがとても重要です。

　さらに、**他の緊急事態をどう扱うかも課題**です。大規模テロ等や武力攻撃事態については別の組織をつくるのか、今の内閣官房で対応するのかについても議論する必要があります。そして、一番難しいのが**初動の切り分け**です。例えばトンネル崩壊が起きたとき、これはテロか事故か、判断が難しい場合があります。何が起きても危機管理監の原則からはずれ、政府の初動が遅れる可能性があります。防災省創設に当たっては、このような**課題への整理が必要**です。

(3)　現体制の課題

　では、今の政府の体制のままでいいのかというと、私自身考えるのは、一つは、今の事態室という組織の充実強化を図らねばならないということと、もう一つは、これだけいろいろなことが起きてくるのだから**各省庁の危機管理の仕事の優先順位を他の仕事よりも常に上げるような仕事の仕方、意識付け**をしなければならないと思います。

　内閣官房の事態室は、政府全体でこういう訓練をする、各省庁にマニュアルを作れと言われれば各省庁も最優先で作るという体制が今はできていると感じます。

　例えば、2016年（平成28年）４月14日㈭、16日㈯の**熊本地震**では、経済産業省ではコンビニエンス・ストアにおいて物資の供給が途絶えない

ようにファミリーマート、セブンイレブン等の大手のコンビニチェーン店に強くお願いしていました。このときの経験を踏まえたマニュアル等に基づき、2018年（平成30年）9月6日㈭の北海道胆振東部地震では同様の対応がすばやくとれたものと思われます。

　農林水産省も熊本地震のときは、避難民が1万人という一報があったので3食3日分で10万食のおにぎり、パンを送り込むというオーダーを果たしました。この地震の対応を経験していますから、マニュアル等があり今後もしっかりとした対応がとれるものと思います。こういう部署の仕事は平時・有事の仕事です。そういう仕事が、災害対処において各省の肝になる仕事ですよという業務の位置付け、重みを変えることです。この二つがあれば防災省を作るよりも我が国の危機管理機能が格段と強化されるのではと思います。

3　「シン・ゴジラ」が語る我が国の危機管理

⑴　「シン・ゴジラ」は語る〜事態の想定ができているのか。危機管理に関する法令の整備は十分か

　皆さんは、「シン・ゴジラ」という映画を見ましたか？「シン・ゴジラ」は数年前にヒットしましたが、あの映画は怪獣映画ではなく、多分我が国で初めて、我が国の危機管理がどうなっているかを表現した映画だと思います。いろいろな講演会などでお話をする機会があり、会場で皆さんに伺うのですが、来場者のうち、普通、この映画を見た方は1割か2割ですね。だだ、唯一の例外が日本大学の危機管理学部のシンポジウムで、「シン・ゴジラ」見ていますかとお聞きすると8割の方が見ておられ、これはびっくりしました。

　この「シン・ゴジラ」、政府の危機管理体制について、制作の過程で、相当、取材されていると思います。ゴジラが変異し事件を起こすたびに官邸や官邸の危機管理センターで、政治家や各省庁の要員がザワザ

ワといろいろと議論をしている姿が描かれていますが、大体、あんな感じです。

　まず留意しなければならないのは、政府が何か仕事しようとするときには、法律に基づかなければならないということです。これが大原則です。自衛隊が国内に出て行って武器を使う、武力をふるうということになると法律の縛りがあります。映画の中で、ゴジラをやっつけるには、政府の中で、誰が、どこの組織がどうするかという議論が起こり、自衛隊に出動してもらわないとしようがないということでした。じゃ、自衛隊は何の法律に基づいて出動するのかという議論です。**鳥獣駆除法**というのがあって、過去の例では、1950年代から60年代にかけて、北海道でトドがいっぱい増えたとき、自衛隊が銃を撃って射殺したのか、追い出したのかわかりませんが、そのようなことをした例があります。じゃあ、ゴジラは鳥獣駆除でやればいい、という議論の一方、ゴジラは鳥類なんですか、哺乳類なんですか、そんな議論もされています。わかるわけないですよね。

　もう一つ、自衛隊が武力を持って侵略者を排除するという観点からは**武力攻撃事態対処法**(2)という法律があります。

　有事のとき、まさに某国が攻めてきたときに自衛隊が武力を持って反撃するという法律です。ただ、これを使う前提は対処する相手が国または国に準ずる組織であるということです。ゴジラの背後に国または国に準ずる組織があるのでしょうか。あるか否かという議論が映画の中でもされていました。一見、バカバカしいのですが、政府が行動するときには、いろいろな法律の縛りが重要という観点からでてきたのかなと思います。

　このように様々な事態に対処するために、政府は法令を整備してきました。例えば、2003年（平成15年）の武力攻撃事態対処法をはじめ**有事**

（2）　**武力攻撃事態対処法**：武力攻撃事態等及び存立危機事態における我が国の平和と独立並びに国及び国民の安全の確保に関する法律

関連三法(3)を、また、その翌年には国民保護法をはじめとする**有事関連7法3条約**(4)を国会に提出し、法律として成立しました。私はこの**国民保護法制定**に携わりましたが、この法律が制定される以前は、いざ有事(5)となった場合、国民を避難させる、逃がすことを体系的に定める法律がなかったのです。

内閣官房に出向してきていたある自衛官からお聞きした話ですが、仮想敵国が進行したときの昔の図上訓練では、自衛隊の図上訓練ですが、目の前に敵しかいない、すなわち国民・住民はいないという前提で訓練を始めたこともあったそうです。

多分、武力攻撃事態対処法等が制定される前に、有事が起きれば、消防法や警察法などを応用して、「こと」に対処したものと思われますが、体系的に国民を避難させるということにはならなかったと思います。避難させる措置以外にも様々な措置がありますが、ここでは、代表的な措置として国民を避難させる措置についてお話ししたいと思います。

有事の際、体系的に国民を逃がす措置を可能にしたのが、**国民保護法**です。有事の際の措置について、国、都道府県、市町村、指定公共機関等の責務、役割分担を定め、**統一的に避難させる枠組み**を定めました。当然、法律だけではだめですので、市町村を始め各機関に地域に応じた、あるいは責務に応じた**国民保護計画**を策定してもらい、さらに毎年の訓練をお願いしているところです。

これらの法令の整備、あるいは2015年（平成27年）の平和安全法制等の整備により、いくつかの事態への対処に関する法的枠組みができてき

（3）　**有事関連3法**：武力攻撃事態対処法、自衛隊法等一部改正法、安全保障会議設置法一部改正法
（4）　**有事関連7法**：国民保護法、特定公共施設利用法、海上輸送規制法、米軍行動関連措置法、自衛隊法一部改正法、捕虜取扱い法、国際人道法違反処罰法
（5）　**有事**：ここでは「いずれかの国が日本と周辺の制空権・制海権を確保した上で地上軍を日本に上陸させ国土が戦場となる、あるいはなることとなる事態」をいう。

ました。

　ただ、これらの枠組みで十分なのか、我が国でさらに想定外のことがないか、それに対する**法的枠組みを整備する**必要はないのか、不断の見直しが必要ではないのか、そういうことを「シン・ゴジラ」は我々に語っている気がします。

　有事以外にも我々が今想定しておかなければならない事態として、大規模テロがあります。これは、武力攻撃事態対処法の中では**緊急対処事態**[(6)]として定義されています。緊急対処事態についても、武力攻撃事態対処法、国民保護法等により一定の対処ができるよう当時、法律が制定されました。

　話はそれますが、緊急対処事態の定義は当時内閣官房に出向していた私のチームが作りました。テロですから本来は、「一定の思想信条、政治信条に基づき」などという動機を含んだ定義にしようと思ったのですが、いざ事態が起きたときに、例えば爆弾が爆発したときに、直ちに背景まで把握できないだろう。事態発生時に直ちにテロと認定できるような定義にすべきという議論、観点から、今の条文に落ち着いた経緯があります。

　この緊急対処事態への対処についての条文は、当時の小泉総理が強く主張されて法案に盛り込みました。

　そもそも2003年（平成15年）に成立した武力攻撃事態対処法には、大規模テロについて引き続き研究・検討していくという条文で構成されていたのですが、2004年（平成16年）に国民保護法を制定する際に小泉総理から大規模テロへの対処についても国民保護法を適用できるようにという強い指示があり、急きょ、国民保護法を国会に提出する直前に国民

（6）　**緊急対処事態**：武力攻撃の手段に準ずる手段を用いて多数の人を殺傷する行為が発生した事態又は当該行為が発生する明白な危険が切迫していると認められるに至った事態（後日対処基本方針において武力攻撃事態であることの認定が行われることとなる事態を含む。）で、国家として緊急に対処することが必要なものをいう。

保護法の中に緊急対処事態、すなわち大規模テロについての定義規定をおき、その対処について有事の際の国民保護法を概ね準用するという法律に修正して国会に提出したところです。

当時の与党は自民党、公明党でしたが、与党と野党である民主党とが国民保護法を含む有事関連7法3条約を審議する中で、子の法律である国民保護法に大規模テロの定義や基本的な対処措置の規定を置くのではなく、武力攻撃事態の扱いと同様に親の法律である武力攻撃事態対処法にその定義・基本的な対処措置を定めるべきということとなり、国会で議員修正が行われ現在のような形になっています。

(2) 政府の対策本部をどこに置くのか

政府の対策本部機能を物理的にどこに設置するのかという問題も「シン・ゴジラ」は提起しています。ゴジラにより官邸が破壊されました、防衛省も壊されました。さて、政府はどこで対策を練るのでしょうか。「シン・ゴジラ」の映画の中では、立川の広域防災基地に移転しました。

実はこれは、現実の対処と考え方が同じなんです。さすがにゴジラの襲撃は想定していませんが、**図5**にあるように首都直下地震でもし**官邸**が壊れたら、官邸の目の前の内閣府防災が入っている**合同庁舎8号館**に行くことになっています。これも壊れたならば、**市ヶ谷の防衛省の指揮所**に、それも壊れれば、**立川の広域防災基地**に、というようなことが「シン・ゴジラ」にも描かれていますが、これが、政府の初動体制、対策本部を設置する際のルールです。

では、合同庁舎8号館、市ヶ谷の防衛省ビル、さらには立川の広域防災基地の施設がそれなりの設備になっているのか、100人単位の要員を受け入れるだけの施設・設備か、水・食料等の備蓄、パソコン、非常用電源は大丈夫か、閣僚だけ[7]ではなくその手足となる官僚等要員が集

（7）　閣僚や政府の主要メンバーは自衛隊のヘリで空輸することとされている。

まる手段は事前に用意されているのか、各省庁の各々の体制はどこでど
う組むのか、これらについて統一的な訓練をどのくらい実施してきてい
るのかなど、政府としても検討していくべき課題も多いかと思います。

　ゴジラは、危機管理に携わるものに対して、あるいは国民に対して
「シン・ゴジラ」のような事態は、想定外という言葉は、もはや通用し
ませんよ、**事前の手当（マニュアルの整備、訓練等）**をしっかりして欲
しいと問いかけているのはないでしょうか。

　まさに2020年（令和２年）１月に発生した新型コロナウイルス感染症
に政府や自治体がどう準備し、どう対処すべきだったのか、これから何
を準備し訓練していくべきなのか、今後の検証が待たれます。

　ちなみに、**立川広域防災基地**には一定の施設群が整備されています。
図９に示すように、内閣府の災害対策本部予備施設があり、警視庁第８
方面本部、東京消防庁第８消防方面本部の部隊、海上保安庁の出先、自

図９

立川広域防災基地の概要（内閣府HPを加工）

衛隊の駐屯地、独立行政法人国立病院機構の災害医療センターがあり、防災基地としては、災害対応の施設群として非常に充実している形になっています。

(3)　総理が欠けたらどうなるのか

　もう一つ、誰がトップとして**政府全体の指揮**を執るのかも大きな問題です。

　「シン・ゴジラ」の映画の中では、総理がヘリで飛んでいるときにゴジラにたたき落とされました。実は総理に何かあったときにその職務を代行する国務大臣の順番というのが組閣ごとに決められています。内閣法[8]に基づき、総理が「欠けたとき」または「事故のあるとき」にはあらかじめ定められた順位に従って**順番に職務を引き継ぐ**こととなっています。

　組閣時に内閣総理大臣臨時代理の就任予定者5名をあらかじめ官報で指定するのが慣例となっています。ちなみに2019年（令和元年）9月に発足した第4次安倍内閣第2次改造内閣では、第1順位が麻生副総理兼財務大臣、第2順位が菅官房長官になっていました。

　映画の中で、この規定が発動されたまさに最初のケースが、「シン・ゴジラ」の映画だと思います。「シン・ゴジラ」の映画では、総理も官房長官もゴジラにたたき落とされ、俺が総理大臣になるはずじゃなかったんだよなと何番目かの順位の農林水産大臣がぼやきながらも、立川の広域防災基地に集合し政府の指揮を執っていたのが印象的でした。

　現実に**首都直下地震**が発生し、多くの被害が出るような場合、総理を含め閣僚が欠ける事態も考えられるケースです。我が国としてそういう事態になることも想定内として対応がとれるようにしておくべきでしょ

（8）　**内閣法第9条**：内閣総理大臣に事故のあるとき、又は内閣総理大臣が欠けたときは、その予め指定する国務大臣が、臨時に、内閣総理大臣の職務を行う。

う。何をすべきか、少なくともその第 5 順位までの閣僚や秘書官等はその意識を持ってマニュアルの把握、訓練の実施に努めるべきでしょう。「シン・ゴジラ」はこういうことも我々に語りかけてくれています。

⑷　「シン・ゴジラ」出現に地方公共団体はどう対応するのか

　地方公共団体の危機管理体制構築のためには、一番重要なことは、危機管理監を置くことです。そして、そのポストは副知事、副市長クラスの高い位のポストにすべきです。さらには、しっかりしたマニュアルを整備し、訓練を繰り返すべきです。

　振り返って、「シン・ゴジラ」が出現したとき、**都道府県や市町村の危機管理体制**は大丈夫なのでしょうか。

　図 5 にあるように2013年（平成25年）の消防庁の調査によると、全国の全ての都道府県・政令指定都市においては、何らかの形で危機管理監が設置されています。一方、中核市では79％、特例市では63％、一般市になると29％と低水準の設置率になっています。町村の調べはありませんが、相当低い数字だと想像されます。

　といっても、武力攻撃事態対処法や国民保護法が整備された平成15年ごろに比較すると格段に整備が進みました。当時、法律の整備だけではなく、地方公共団体における体制の整備も必要ということで、こういう調査を実施したり、地方公共団体に体制の整備のお願いをし始めました。当時は、都道府県においても確か半数程度しか危機管理監を設置していませんでした。隔世の感があります。

　ただ、現在、これだけ災害が多発し、また2021年（令和 3 年）に東京オリンピック・パラリンピックの開催なども予定されている中で、小規模な市や町村にとっても**危機管理監の設置は急務**です。

　何かあったとき、危機管理で一番まずいのは、この仕事は私の課の所掌ではない、いやいや私のところでもない、というのが始まることです。

日本で、世界で何があっても、日本の政府では官邸の危機管理監が対応するように、この地方公共団体の地域で、あるいはその地方公共団体に関連する何かが発生した場合、その地方公共団体の危機管理監がとにかく**初動の対処を行う**、そういう組織・体制を作ることが最重要です。

　そして、その危機管理監は地方公共団体の中で高い位のポストに付けることも重要です。国の危機管理監が各省庁を仕切るように、その地方公共団体内部の部長さん、課長さんたちを仕切れるポストに危機管理監が就いていることが、いざというときに初動やその後の対応に役立ちます。

　都道府県・政令指定都市では危機管理監が全ての団体に設置されているとお話ししましたが、ポストの高い、低いはいろいろです。ぜひ、**副知事クラス、副市長クラスのポストに危機管理監を配置してもらいたい**ものです。

　「シン・ゴジラ」の映画の中には、東京都や区、あるいは東京湾アクアラインが所在する川崎市の話はほとんど出てきていません。

　でも現実には、国だけでこういう事態に対応できるわけではなく、第一義的には地方公共団体が対応する場面も多いと思います。

　東京都は災害対応力という点では皆様ご存じの通り、全国の都道府県の中でも別格です。警察はもちろん、他府県の消防は市町村が任うのに対して、東京都は都がほとんどの地域の消防も任っています[9]。

　その東京都でさえゴジラに立ち向かえない、住民の避難誘導が的確にできるだろうか、ましてや、これが小さな県、例えば私の出身県である島根県に起きたらどうなるのか、島根県庁は、あるいは松江市は危機管理対応ができるのだろうか、と考えると恐ろしくなります。「シン・ゴ

（9）　全国の警察職員が約29万人に対して警視庁職員が約4.6万人（約16％）、全国の消防職員が約16万人に対して東京消防庁職員が約1.8万人（約12％）（2018年（平成30年）４月現在）。2018年10月１日の総人口１億2,644万人に対して東京都1,382万人（約11％）

ジラ」の中ではそこまで描写されていませんでしたが、住民の避難を誰がどうやって行うのか、他の都道府県や消防の応援はどうするのだろうかということも暗示していたと思います。地方公共団体の対応にフォーカスした「シン・ゴジラ」Part Ⅱが見たいものですね。

Ⅱ　東日本大震災と消防庁、そして官邸は

1　消防庁の大混乱

　大規模災害時に初動体制をどう取るかは政府としては大変重要なことで、そのために早い時点で警察、消防等、各省庁から情報を収集すること※が重要です。

　では、2011年（平成23年）3月11日㈮の**東日本大震災**のときに、一体何が起きていたのでしょうか。混乱、また混乱、まさに「シン・ゴジラ」で描写している各機関の混乱状況が、官邸、各省庁、地方公共団体、現場で起きていたのではないかと思います。東日本大震災時の一連の政府の動きは**図12**のとおりです。私は当時、総務省消防庁の災害対策本部に詰めていました。当時の役職は消防庁消防・救急課長でしたが、消防庁長官のもとで**消防庁災害対策本部**に設置された参謀班で仕事をしていました。

　消防庁の災害対策本部では、**Fシフト（フルシフト）**という状況で、マックス150人くらいの職員が詰めて、色々な情報のやりとりやオペ

※　**図10**に、自然災害が発生した場合に、各省庁から得られる主な情報を列挙しています。例えば、一定規模の地震が発生すると、その直後から、各省庁がヘリを飛ばし、そのヘリTV映像が官邸に集約されます。110番、119番情報ももたらされます。水害であれば、国土交通省の河川を監視している定点カメラの映像や水位計のデータが同様に集約されます。必要に応じ、災害発生場所の都道府県知事とのテレビ会議により、詳細な情報が収集されます。このような情報を各省庁で共有し、政府の災害対処の方向性を決めていくのが、政府の災害対策本部であり、関係省庁連絡会議です。

　そのためにも、**図11**にあるように、消防や都道府県・市町村を通じた現地の状況・情勢把握が必要不可欠であるとともに、国と地方公共団体のトップ間を含む、緊急時の連絡体制の構築が必要であり、消防庁としてはその構築に努めているところです。

図10

官邸危機管理センターで関係省庁から得られる主な情報（例）

情報の種類	省庁名	概要
ヘリTV映像	警察庁、消防庁、防衛省、国土交通省海上保安庁	ヘリコプターに搭載したカメラによる被災地域の映像
定点カメラ等映像	消防庁、国土交通省内閣府等	河川、道路、空港、港湾などに設置されているカメラ等の映像
地震等防災情報	内閣府	地震防災情報システムからの分析結果
消防防災情報	消防庁	多様な消防情報
河川等情報	国土交通省水管理・国土保全局	雨量、水位等の観測データ等
航空関係情報	国土交通省航空局	航空関係の情報等
防災気象情報	気象庁	総合気象データ・防災気象情報
現地航空写真	国土地理院	航空機による被災地上空からの航空写真（被害箇所の判読情報）
原子力防災関連情報	原子力規制庁	オフサイトセンターとのテレビ会議等映像

図11

初動対処における国と地方公共団体との緊密な連携について

> 発災直後の政府の体制構築、初動対処措置の実施に当たっては、何よりもまず、現地の状況・情勢把握が必要不可欠。

　・　被災の態様、被害情報の把握
　　　（人的被害・物的被害等）
　・　必要となる対応勢力の規模の決定・迅速な派遣
　　　（警察・消防・自衛隊・海保等の人命救助のための部隊等）

> 政府現地対策本部と被災地方公共団体の災害対策本部の合同会議や、災害応急対策が軌道に乗るまでの間（特に、発災後72時間）は、国と地方公共団体のトップ間を含む、緊急時連絡体制の構築が重要。

　・　情報・認識の緊密な共有と課題設定
　・　統一的な方針の下での迅速かつ的確な対処措置の実施

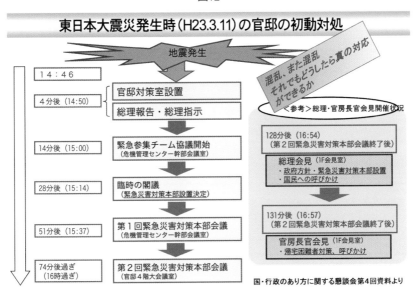

図12

レーションが行われていました。

　消防庁の災害対策本部における役割分担は、

① 都道府県や市町村、消防本部からの情報収集を行う「**情報集約班**」

② 情報のとりまとめや大臣、副大臣への報告文書、対外的な公表文書を作成する「**情報整理班**」

③ マスコミ等への広報を担当する「**広報班**」

④ 緊急消防援助隊の活動可能情報を確認し、応援の指示・求めを出す「**広域応援班**」

⑤ 石油コンビナート施設等の被害状況の集約等を行う「**コンビナート班**」

⑥ 官邸や危機管理センターとの情報連絡を行う「**官邸班**」

⑦ 現地災害対策本部への人の派遣、消防庁災害対策本部内の食糧確保などを行う「**総務班**」

【筆者の当時のメモ】

【筆者の当時のメモ】

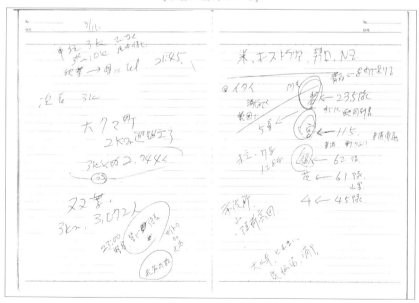

などに分かれて活動することになっています。当時は遊軍的に、「原子力対策班」や計画停電を担当する班も設置した記憶があります。

　これらの班からの情報をもとに、消防庁長官の下で消防庁としての意思形成、オペレーションを行うのが参謀班です。

　3月11日は各班とも、まさに大混乱でした。現地の消防本部や市町村の皆様も大変だったと思いますが、消防庁の中も大変で全く先が見えない状況でした。

　私自身も3日間完全に徹夜しました。1週間でトータル10数時間しか寝なかったのですが、我々は総務省の立派なビルにいて食事も取れるし、トイレも使えました。被災地の皆様、そして現地に行かれた消防や警察、自衛隊の方々はもっと大変だったと思います。

2　人は危機発生時に3種類のパターンに分かれる？

　その混乱の中で、消防庁の対策本部の中で災害対策をしている人間が3種類に分かれました。

　一つ目のパターンは、いわゆる**テンパる人**です。何もかも目一杯になってしまう人です。この人たちの特徴は、混乱状況の中、大声でずっと何かしゃべっているのです。「緊急消防援助隊を○○県に早く送れ。早く、早く、何やっているんだ。だからどうするんだ。」と。一見、まともそうな言葉なのですが、実は支離滅裂な言葉を次から次に一人でしゃべっているのです。消防庁の幹部でもこういう人が出ていました。普段は立派な方なんですが。当時の**久保信保消防庁長官**が「○○、黙れ！」と怒鳴っても、しゃべり続け、最後は長官が「○○、出て行け！」と災害対策本部を追い出しました。テンパる人が一つ目のパターンです。

　二つ目のパターンは、**何も仕事をしなくなる人**です。参謀班の私の方から「これこれ、こういう仕事をお願いします。」と仕事を依頼すると、「ハイ、分かりました。」と言われ、検討してくれているものと思

い、30分、1時間ぐらい経ってから、「先ほどお願いした件はどうなりましたか？」と聞くと、「何でしたっけ？」と自分が依頼されたことも忘れてしまうようなパターンです。これが二つ目のパターンです。信じられないと思いますが混乱時にはこういうパターンが出てくるのです。

　三つ目のパターンが普通に仕事ができる人です。普通に仕事ができる人を探して仕事を頼んでいくということが、消防庁災害対策本部の中で、仕事を適切に回すキーポイントとなりました。

　この一つ目のパターンと二つ目のパターンの人たちは、よく考えると一種の自己防衛反応が働いているんですね。法的裏付けもない、実例もない、マニュアルもない、権限もない、何もない中で責任を負わなければならない、そういう難しい仕事が自分のところに来ないように無意識に拒否する、そういう自己防衛反応が無意識に働いたものと思います。

3　福島第一原発に消防自動車を持ってこい？

　そういう仕事の例として、例えば、官邸の内閣官房副長官補、この方は事務次官級で各省庁の次官と同格ですが、当時の副長官補から電話が私にあり、「消防自動車を12台、すぐ福島第一原発に持って来い。」「えっ、消防自動車をですか。」消防自動車は総務省消防庁でほとんど持っていません。ご存知のように、消防は市町村の仕事です。東京は、そのほとんどの地域を都の組織である東京消防庁が管轄しています。消防自動車を持ってこいと言われても、東京消防庁か市町村の消防本部から借りて持っていくしかないのです。

（**大庭**）「消防自動車は何に使うのですか、どれくらいの機能・能力が必要なんですか、1分間に1,000リットル出すのが必要ですか、2,000リットル出すのが必要ですか、消防本部の職員に何をさせるのですか。」

（**副長官補**）「自分も分からない。」

（**大庭**）「誰に聞けばわかりますか。」

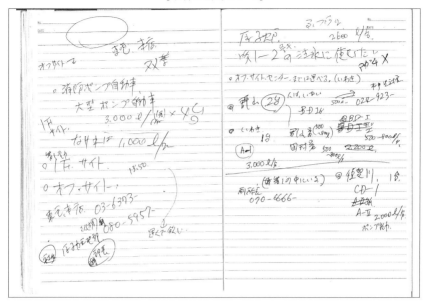

（**副長官補**）「福島第一原発の**オフサイトセンター**[10]に東京電力のこれ
　　　これという副所長が行っているはずだから」
と携帯の番号を教えられ、電話しましたが当然繋がりませんでした。後
で考えると福島県の浜通りは携帯は不通になっていたので当然です。
　そのときは無我夢中で、その地域の電話が不通になっているなど分か
らず、官邸の副長官補に「繋がらないです。」と話すと、「副所長につい
ている若い者がいるはずだからその人に電話しろ。」と番号を教えられ、
電話しましたところ、その方は、たまたま東京電力の本社にいました。
（**大庭**）「こんな話なんですけど分かりますか。」
（東京電力）「分かりません、調べてみます。」

（10）　**福島第一原発オフサイトセンター**：第一原発から約５キロメートルのところ
　　　に設置されていた。東日本大震災時、経済産業省副大臣以下による現地対策本
　　　部が設置された。

　そして、調べてもらうと、福島第一原発の原子炉本体に消防自動車で水を入れるオペレーションを東京電力で実施しているとのことでした。東京電力は原子力発電所や広野火力発電所に自衛消防隊の消防自動車を持っていて、その消防自動車を使い給水活動をしていましたが、

（東京電力）「それが、へたりそうなんだ。」

（**大庭**）「では、何をどうすればいいのですか。」

（東京電力）「消防本部の方に消防自動車を持ってきてもらい**原発に水を入れて欲しい。**」

と言われました。

（**大庭**）「えっ!!　それは相当に不可能に近いですよ。仮にできるとなっても、合意形成に時間がすごくかかりますよ。現地に行ってもらう消防本部にしてみれば安全はどうなっているのか、装備はどうなっているのか、原発の中の図面はあるのか、線量はどうなっているのか。家族に話をしなければならない、市長に話をしなければいけない。これはできないのに近いのではと思います。仮にできるとしても最低1週間は合意形成にかかりますよ。それでもできないかもしれませんよ。それでいいですか。」

と言いますと、

（東京電力）「そうではない、今すぐに消防自動車が欲しいんだ。」

（**大庭**）「わかりました。それでも消防自動車を原発まで消防本部の人に持って行けというのは、バン、バンやっているとき[11]なのでそこまでのことを求めるとさらに検討の時間が必要で、時間がかかりますよ。一番早いのは東京電力の方が各消防本部に消防自動車を取りに来てもらうことですよ。」

（東京電力）「わかりました。それでお願いします。」

という話になりました。

---

(11)　当時、第一原発では、数回、水素爆発が起きていた。

消防自動車を運転できる大型の免許所有者が東京電力の出先のどの地域にいそうかなどを考慮し、福島第一原発近場の郡山、水力発電所がある会津若松、それから、柏崎、消防本部として規模の大きいさいたま、宇都宮などの消防本部にお願いしました。ほぼ全ての消防本部が二つ返事でOKを出していただきました。本当にありがたかったです。虎の子の消防自動車を何の法的理由も文書もなく貸し出すことをOKしてもらえました。本当に感謝です。さらに、地方自治法の規定を当てはめれば、消防自動車は行政財産です。これを無償貸し付けするには、議会の議決が必要ですが、その手続きも市長さんの専決処分で処理してくれたのではないかと想像しました。各本部とも気持ちよく協力してもらいました。こういうオペレーションがありました。

　ただ当時、私がこのオペレーションを担当していましたが私自身は非常に不安でした。法律に根拠も何もないお願いです。電話でお願いしただけで、この車、原発で活動した後はどうなるのだろう、もし、廃車になったときに何億円もの支払いは私の退職金では出ないよなあ、当時は東京電力も会社自体がそんなにダウンしていく感じではなかったので、東京電力で補償してくれるのかなと思いつつも、久保消防庁長官と相談して、国の補正予算でもその補償相当額を計上しておこうということになりました。幸い、補正予算を提出し国会で承認していただけたので、新品の車を各本部に返却することができ、本当によかったです。このような困難な課題が、次々と生じてきた状況でした。

　このとき、消防庁側のリスク回避の一つの手段として、官邸の**クロノロ**[12]に、官房長官の指示により消防自動車を原発に向かわせた旨の事実を記録として残すように指示しました。

---

(12)　**クロノロ**：災害対策本部の活動を網羅的に時系列で記録したもの。活動以外にも重要上を記録し、その後のオペレーションに役立てる。クロノロジー（chronology）の略。後に災害対策を振り返る際に非常に重要

4　海外の救助隊は本当にありがたいが……

　もう一つの例として、海外から救助隊の皆様に次々に応援に来ていただいたことに関する課題です。図13のとおり、世界の163カ国・地域から申し出があり、29の救助チーム等を受け入れたところです。これは外交的にもすごくありがたい話ですが、地元では結構大変でした。海外の救助隊にどの地域を担当してもらうか、寝るところ、食事、移動手段などのロジ[13]について、消防、警察が一緒になって次々とやらなければならない状況でした。

　あるとき、大震災発生後、1週間ぐらいのときだと思いますが、朝の3時か4時頃、寝ていたところ、「課長、起きてください、○○県から大変な抗議の電話がかかってきています。」

【筆者の当時のメモ】

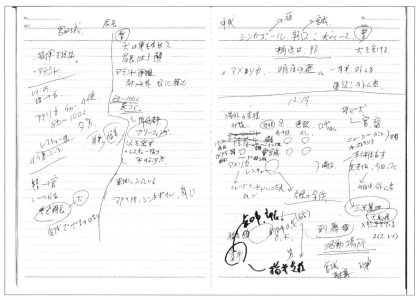

図13

〇東日本大震災における海外からの支援
　163の国・地域、43の国際機関から支援の申し出
　29の国・地域・国際機関からの救助チーム・医療チーム等を支援受け入れ
　64の国・地域・国際機関からの支援物資を受入れ

海外の救助隊受入れ(消防庁対応のみ)

国名	チーム構成	活動期間	活動地	主な協力緊急消防援助隊
アメリカ	救助隊144名 救助犬12匹	3/15〜3/19	岩手県 大船渡市 釜石市	名古屋市消防局(指揮支援部隊長)
イギリス	救助隊69名 救助犬2匹	3/15〜3/17		大阪市消防局(指揮支援隊) 堺市消防局(指揮支援隊)
中　　国	救助隊15名	3/14〜3/20	岩手県 大船渡市	山形県隊 高知県隊
ドイツ	救助隊41名 救助犬3匹	3/14〜3/15	宮城県 南三陸町	札幌市消防局(指揮支援部隊長) 京都市消防局(指揮支援隊) 鳥取県隊
スイス	救助隊27名 救助犬9匹	3/14〜3/16		
オーストラリア	救助隊72名 救助犬2匹	3/16〜3/19		
ニュージーランド	先遣隊7名 救助隊45名	3/16〜3/18		

出典) 外務省、消防庁

　何事かと思うと、米軍がある*海外の救助チーム*を被災地にヘリで降ろしたいと朝の３時か４時に役場に電話がかけてきたそうです。「役場で、ヘリを降ろす場所の手配をしてくれ、保安用の照明を確保してくれ、誘導員を用意してくれ。」と言ってきたそうです。役場の人たちは、その前の日の夜中までずっと捜索救助活動して、次の日の打ち合わせをして、今、やっと寝た、そこにそういう話が来る。それは困惑しますよね。といいつつも、役場の方がこれらを手配した後に、今度はマスコミから電話があり、「どこに行ったらいい絵が撮れるんですか。」これはないだろう、人命救助のお手伝いは有難いけれどそれぞれの部隊でロジはきちんとやってほしい。

　そういう〇〇県からの抗議でした。

　私から外務省にいったいどういうことになっているのか、問い合わせをしました。当時、外務省では担当する国を持っている課がそれぞれ

あって、自分の担当する国から応援に来てくれるのはすごくいいことなので、各課が争って担当国の救助部隊を受け入れるようとしている、全体を誰も仕切っていない。ということのようなので外務省の官房にお願いして、「需要と供給を踏まえて調整してほしい、**最低限各国救助部隊のロジは外務省なり海外の救助部隊できちんとやってほしい**、足（移動手段）は自分たちで確保してほしい、ご飯は自分たちで用意してほしい、寝る場所も考えてほしい。」などをお願いして整理をしてもらいました。現在、これらの手順については**図14**に示すように内閣府防災が中心となり各省庁と協議して遺漏のないような形で整理しているようです。

　そんなこんなで消防庁の災害対策本部で仕事をしていると、朝起きたら１週間もお風呂に入っていない状況でした。パンツ、シャツも表裏履き替えて使っている状況で、総務課の会計係から、臭いと言われました。これはまずいと、シャワーを浴びようと、消防庁の中に小さなシャ

図14

海外支援受入れの円滑化の取組

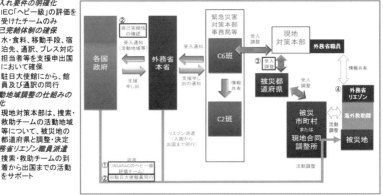

出典）外務省、消防庁

ワー室があって、朝の４時か５時くらいに行こうと思い、歩いていくと、何かに足が当たるんです。みんな床に寝ているんです。雑魚寝しているのです。すごい状況でした。

　裸になってシャワーを浴びようとすると、水しか出ない。冷たい水で死んだら公務災害になるかなと思いながら、ここでやめたらしばらく浴びられないだろう、と思い切って浴びた、そのような記憶があります。このような仕事の仕方をしていました。

5　福島第一原発で何が起きていたのか

　それから、一番大変だったのが、東京電力福島第一原発３号機の**使用済み核燃料プール**の問題でした。そのプールに水が入っていないようだ、早急に注水が必要というオペレーションでした。

　３号機の配置図は**図15**のとおりです。原子炉本体の話とは別に使用済

図15

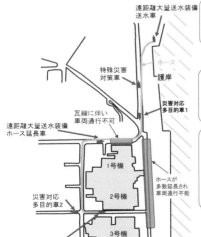

福島第一原子力発電所３号機放水活同時の
車両配置図（東京消防庁）〈東京資料より〉

遠距離大量送水装備
送水車

特殊災害
対策車

ホース
護岸

災害対応
多目的車1

遠距離大量送水装備
ホース延長車

瓦礫に伴い
車両通行不可

1号機

ホースが
多数延長され
車両通行不能

災害対応
多目的車2

2号機

3号機

海

屈折放水塔車

東日本大震災の被害状況と消防の活動
（福島第一原子力発電所における消防の対応）

・　総理大臣から東京都知事に対し、福島第一原子力発電所への東京消防庁への出動の要請があり、都知事が受諾（3月17日夜）

・　それを受けて消防庁長官から、東京消防庁のハイパーレスキュー隊等の緊急消防援助隊としての派遣を要請（3月18日0時50分）

・　東京消防庁ハイパーレスキュー隊が出動し、福島第一原子力発電所3号機の使用済燃料プールに対する海水での連続放水体制を構築（3月18日〜19日）。

・　3月19日未明と19日午後から20日にかけて、同プールに対する放水を実施

・　総務大臣から大阪市長、横浜市長、川崎市長、名古屋市長、京都市長、神戸市長に対し、福島第一原子力発電所への特殊車両等の派遣の要請があり、各市長が受諾（3月18日〜22日）

・　それを受けて消防庁長官から、各市消防局長に対し、特殊車両部隊の緊急消防援助隊としての派遣を要請（3月18日〜22日）→各市消防局が順次出発

・　東京消防庁の指揮支援のもと、これら消防本部が交代しながら継続して、同プールに対する放水を実施

4月に入り、東京電力関係者が操作するコンクリートポンプ車による真水での注入作業に切り替わったため、首都圏の消防本部は、それぞれの消防本部で不測の事態に備え待機

【筆者の当時のメモ】

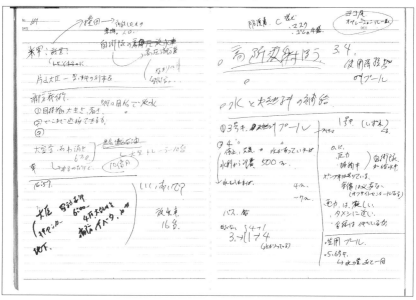

　み核燃料プールは、地上から約30メートルの高さにあります。原子炉で使った使用済み核燃料を置いておくだけですので発熱量も少なく、緩やかに水が循環しているなら普通は問題は無い。臨界に達しているわけでは無いので、少しずつ核分裂はしていますが、ほとんど熱が出るわけでもなく、水があれば大丈夫です。

　ところが、３号機の使用済核燃料プールに水が入っていないのではという話が出てきました。プールの水がなくなるとどうなるかと言いますと、核物質が拡散してしまう、これは大変なことだ、水を注入すべしということが国家の重要なオペレーションになりました。テレビで見られた方も多いと思いますが、まず、自衛隊がヘリで上空から水を落としました。彼らも正直、命がけでした。後で聞いた話ですが、ヘリの床下にタングステンを敷いて、活動を行ったそうです。原発の上部は線量が高く、ギリギリのところで水を落としたということで、見た目には拡散し

た水が原発上部にかかっていました。

　後刻、当時東京消防庁消防総監だった**新井雄治消防総監**にお話を聞いたところ、自衛隊のヘリからの散水は原発周辺の総量を抑制するのに一定程度効果があったとお話しになっていました。本当に自衛隊の方は頑張られたのです。

　次に警視庁の車が、下から水を打ちました。警視庁はデモを鎮圧するために放水する車を所有しているのですが、その放水銃を上に向けて打ったんです。30メートルの高さに届かないし、継続的に水がプールに届かない。

　そこで、何とか消防に出てくれという話が消防庁にあり、長官と相談しました。正直、東京消防庁は東京都の税金で作られている組織です。その組織に国のために命をかけて原発に行ってくれと言えるかどうか、でも、この段階では行かないと国家全体が大変な話になる、新井総監ともお話をして、東京消防庁に行ってもらうには、**石原慎太郎東京都知事**に納得してもらうしかない、知事に納得してもらうには菅直人さん、当時の総理大臣から知事に頭を下げてもらうしかない。では、誰が菅直人さんのところに話に行くのか。当時民主党政権でしたが、**総務大臣は片山善博さん**、副大臣が愛知県蒲郡市長経験者の鈴木克昌さん、政務官が北海道ニセコ町長経験者の逢坂誠二さんでした。片山さんは災害発生当初から消防庁の災害対策本部である、危機管理センターに来て、災害の状況、消防の状況を逐一把握していました。片山さんは鳥取県で知事を経験されており、災害対策も経験されておられました。**司、司に任せる**ところは任せるという姿勢で災害対応されていました。

　組織の中で、各々が役割分担に応じて、司、司で仕事をしていくやり方は混乱時にも有効です。任せるところは任せながらも、混乱している官邸の菅総理に誰が行くのかと話していたところ、片山さんがパッと立って自分が行ってくるということで、お願いをしてもらいました。これがリーダーです。

市役所より撮影（平成23年３月11日15時27分・
岩手県宮古市）宮古市役所提供

倒壊した液化石油ガスタンク（平成23年３月
13日・千葉県市原市）川崎市消防局提供

捜索活動中の陸前高田市消防団員（平成23年３月31日９時56分頃・岩手県陸前高田市小友町
小友浦干拓地内）陸前高田市消防本部提供

仙台市若林区荒浜の津波襲来後の状況
（平成23年４月17日撮影）

仙台市若林区荒浜の津波襲来前の状況
（平成15年９月23日撮影）

消防庁消防防災・危機管理センターで緊
急会議
（平成23年３月11日・消防庁消防防災・
危機管理センター）

（消防庁 HP より）

菅さんから石原知事に電話をし、石原知事も「国難だから隊員の安全確保をきちんとやってくれるなら行くよ。」というような話になりました。そのあとは久保長官と新井総監とで話をして行っていただいた、というような状況でした。そういう状況下でそのときに現地に行かれた消防職員の方々は大変な思いをされました。

　というのは、第一原発の状況が全く分かっていなかったのです。行くとなってから、東電本社から状況を説明に来てもらいました。最初に説明に来られたチームは問題となっている3号機周辺の放射線量を10ミリシーベルト／hrと説明されました。ところがそれから1時間後に来られたチームは3号機周辺に900ミリシーベルト／hrを出すガラが落ちていると告げられました。結果的にはこちらの方が正確だったようです。消防職員の年間被曝限度は、人命救助のための緊急時の活動でも年間100ミリシーベルトが上限とされていることからも大変高線量であることが分かると思います。

　900と聞いた瞬間、同席していた東京消防庁の職員が「10分も活動できないじゃないか」と叫んでいたのを覚えています。

　仮に、900ミリシーベルト／hrであれば、10分活動すれば150ミリシーベルト（900×10／60）を被爆することとなります。

Ⅲ　弾道ミサイルやテロ等の国家の重大事態への対処は

1　武力攻撃事態やテロにどう対処するのか

　大規模災害時以外の国家の重大事態として、武力攻撃事態や緊急対処事態、いわゆる**武力攻撃や大規模テロ**の発生があります。武力攻撃事態の例を示したものが、**図16**に、また、緊急対処事態の例を示したものが**図17**、**図18**です。

　これら武力攻撃や緊急対処事態、テロが起きたときの一連の政府の動きを示したものが、**図19**です。

　これらの事案が発生したとき、または発生しそうなとき、まず内閣と

図16

武力攻撃事態の類型

武力攻撃事態：**武力攻撃**（我が国に対する外部からの**武力攻撃**をいう。）が発生した事態又は武力攻撃が発生する明白な危険が切迫していると認められるに至った事態

①着上陸侵攻

- 船舶により上陸する場合は、沿岸部が当初の侵攻目標となりやすい。
- 航空機による場合は、沿岸部に近い空港が攻撃目標となりやすい。
- 国民保護措置を実施すべき地域が広範囲にわたるとともに、期間が比較的長期に及ぶことも想定

③弾道ミサイル攻撃

- 発射された段階での攻撃目標の特定が極めて困難で、短時間での着弾が予想
- 弾頭の種類（通常弾頭orNBC弾頭）を着弾前に特定するのが困難。被害の様相や対応が変化

②ゲリラ・特殊部隊による攻撃

- 突発的に被害が発生
- 被害は比較的狭い範囲に限定されるのが一般的。攻撃目標となる施設（原子力事業所などの生活関連等施設など）の種類によっては、大きな被害が生ずる恐れ
- NBC兵器やダーティボムが使用されることも想定

④航空機による攻撃

- 弾道ミサイル攻撃の場合に比べ、その兆候を察知することは比較的容易。予め攻撃目標を特定することが困難
- 都市部の主要な施設、のインフラ施設が目標となることも想定

出典：「国民の保護に関する基本指針」、「内閣官房ＨＰ」

図17

緊急対処事態の類型（攻撃対象施設等による分類）

出典：「国民の保護に関する基本指針」、「内閣官房ＨＰ」

緊急対処事態：武力攻撃の手段に準ずる手段を用いて多数の人を殺傷する行為が発生した事態又は当該行為が発生する明白な危険が切迫していると認められるに至った事態で、国家として緊急に対処することが必要なもの

危険性を内在する物質を有する施設等に対する攻撃

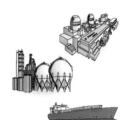

（事態例）
➢ 原子力事業所などの破壊
　大量の放射性物質などが放出され、周辺住民が被ばくするとともに、汚染された飲食物を摂取した住民が被ばく
➢ 石油コンビナート、可燃性ガス貯蔵施設などの爆破
　爆発・火災の発生により住民に被害が発生するとともに、建物やライフラインなどの被災により、社会経済活動に支障が発生
➢ 危険物積載船などへの攻撃
　危険物の拡散により沿岸への被害が発生するとともに、港湾や航路の閉塞、海洋資源の汚染など、社会経済活動に支障が発生

多数の人が集合する施設等に対する攻撃

➢ 大規模集客施設、ターミナル駅などの爆破
（事態例）
　爆破による人的被害が発生し、施設が崩壊した場合は被害が多大

図18

緊急対処事態の類型（攻撃手段による分類）

出典：「国民の保護に関する基本指針」、「内閣官房ＨＰ」

多数の人を殺傷する特性を有する物質等による攻撃

（事態例）
➢ ダーティボム※などの爆発
　爆弾の破片や飛び散った物体による被害、熱や炎による被害などが発生し、放射線によって正常な細胞機能が撹乱されると、後年、ガンを発症することも
➢ 生物剤の大量散布
　人に知られることなく散布することが可能。また、発症するまでの潜伏期間に、感染した人々が移動し、後に生物剤が散布されたと判明した場合には、既に広域的に被害が発生している可能性。ヒトを媒体とする生物剤による攻撃が行われた場合には、二次感染により被害が拡大することも考慮
➢ 化学剤の大量散布
　地形・気象などの影響を受けて、風下方向に拡散し、空気より重いサリンなどの神経剤は下をはうように拡散

※ダーティボム
　放射性物質を散布することにより、放射能汚染を引き起こすことを意図した爆弾

破壊の手段として交通機関を用いた攻撃

（事態例）
➢ 航空機などによる自爆テロ
　爆発・火災などの発生により住民に被害が発生するとともに、建物やライフラインなどが被災し、社会経済活動に支障

図19

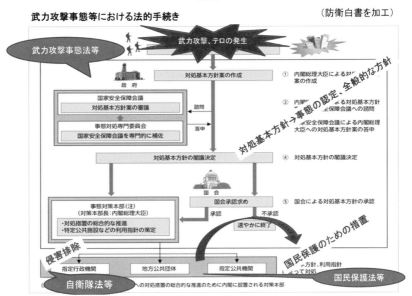

武力攻撃事態等における法的手続き　　　　（防衛白書を加工）

して閣議により**対処基本方針**を決定します。この対処基本方針の中で事態の認定をする部分があり、この部分を決定することが、国家の緊急事態が発生したという政府の認定になります。併せてこの対処方針により、政府の事案に対する全般的な対処方針を決めることとなります。

　実は、これまでいくつか撃たれたミサイルは、これに該当していないのです。対処基本方針を閣議決定している訳ではないのです。国民の安全のために緊急情報を伝達している位置づけになっています。

　武力攻撃事態や緊急対処事態が発生した場合には、この基本方針に基づき、国家として、**侵害排除と国民保護のための措置**を実施する枠組みになっています。

　侵害排除の措置については、自衛隊法等に基づき自衛隊を中心として措置を行います。一方、国民保護のための措置については、国民保護法等に基づき、国、地方公共団体、指定公共機関が中心となり、避難のた

めの措置等を行います。

　これが、武力攻撃事態や緊急対処事態が発生したときの対処のための大きな枠組みです。

2　国家緊急事態を支える国家安全保障会議（NSC）

　これらやそれ以外の国家の緊急事態に備えるための大きな枠組みとして、国家安全保障会議（NSC）（National Security Council）があります。2013年（平成25年）に安全保障会議設置法の改正により現在の枠組みの国家安全保障会議（NSC）が創設されました。これが今の政府の日本としての安全保障体制をきちっと支えていると思います。

　それまでも安全保障会議という枠組みはありましたが、NSC設置により、定例的な総理以下の会議の開催、常設の事務局（国家安全保障局（NSS）（National Security Secretariat））設置など、大きく色合い、意義づけが変わりました。

　この会議では、主に、①国際情勢の分析、②国内情勢の分析、③実事案への対処方針、④仮想事案への対処方針の検討などが行われています。それまでの安全保障会議に比較し、頻繁にかつ定期的に総理の下で会合が開かれ、国家として常に重大事案を検討する態勢ができたことが評価されると思います。

　2013年（平成25年）12月の創設以来、令和元年末までに202回の開催、年平均約33回、月に3回程度のペースで開催されています。会議の議題により、**四大臣会合**[14]、**九大臣会合**[15]等が、いずれも総理をトップに開かれます。内容は国家機密とされていますが、議題は内閣官房のホームページに掲載されており、2017年（平成29年）の開催例は**図20**のとおりです。

（14）　**四大臣会合**：首相、官房長官、外務大臣、防衛大臣
（15）　**九大臣会合**：首相、副総理、官房長官、外務大臣、防衛大臣、総務大臣、財務大臣、経産大臣、国交大臣、国家公安委員長

図20

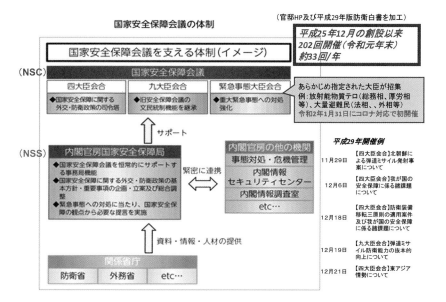

（官邸HP及び平成29年版防衛白書を加工）

国家安全保障会議の体制

月に３回も総理を入れての会合を開催するとなるとその準備だけでも大変です。ただ、その積み重ねが我が国の**安全保障を支える基礎**になっています。

こういう検討のためのトップ出席の会合を定期的に持つ枠組みは、会社や地方公共団体においても、事態を見極め様々な検討を強く推進するためには、大変有効となる仕組みです。

トップやトップに近いポジションが出席する会合に出す資料はそれなりのものが必要です。そのためには事前の検討、打ち合わせが、また、関係機関、部署とのすりあわせも必要となります。

皆さんの仕事のやり方にも取り入れていただけたらと思います。

3　弾道ミサイルへの対処は

こういう NSC での検討をもとに国家の各種重大事案への対処方針が検討されます。

例えば、**弾道ミサイル**が発射されたときの対応についてもそうです。弾道ミサイルへの対処について示したものが**図21**です。この図にあるように、まずは防御する方ですが、弾道ミサイルが発射された場合、そのミサイルが我が国に落下する場合等、その**ミサイルを破壊**することにしています。落下の可能性がある場合、日本海に配置されているイージス艦からミサイルを撃ちます。

弾道ミサイルは放物線を描いて飛翔する訳ですから、**図21**の一番頂点に来たとき、まさに真上に来たときがスピードが一番ゆっくりになるので、そこに目がけてイージス艦から迎撃ミサイルを撃ちます。それで迎撃できなかった場合は、ペトリオット（PACK－3）で迎撃します。

図21

弾道ミサイルが発射された場合の防衛省の対応

BMD整備構想・運用構想（イメージ図）

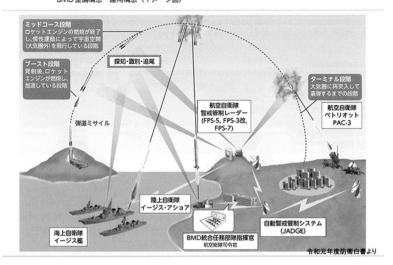

ある自衛隊員のOBの方の例え話です。弾道ミサイルを打ち落とせるのかとお聞きしたところ、ピストルの弾をピストルで撃つようなものと言われました。技術的に相当高度なシステムであることの例えだと思います。海外の訓練では迎撃に成功しているようです。これが弾道ミサイル対処の概要です。

4　Jアラートが鳴る仕組み

　もう一つは、弾道ミサイルが発射された場合の**国民の皆様への情報の提供**です。2017年（平成29年）の8月29日と9月15日は、北海道、東北で弾道ミサイルが発射されてから約4分[16]でJアラートが送信されました。

　Jアラートが鳴るまでの手順はどうなっているのでしょうか。弾道ミサイルが発射された瞬間にアメリカの軍事衛星がミサイルの（何かの？）発射を探知します。日本、米軍のレーダー網が弾道ミサイルの軌道を計算し、日本海のどの地域に、あるいは日本を飛び越えて太平洋上のどの地域に落ちるか計算します。この情報を防衛省から内閣官房に伝え、内閣官房で機械を操作することにより消防庁に機械的に伝達され、そのシステムにより地方公共団体の個々のシステムに自動転送し、Jアラートを動かすという仕組みになっています。

　ということは、ミサイルが撃たれてから4分以内にJアラートを送信するということは、防衛省と内閣官房で24時間、朝も真夜中も、その要員がずっと待機しているのです。夜中の3時半とか5時半とかにミサイルが飛翔したときもありました。ずっと待機しています。

　どんなときでもミサイルが撃たれたらすぐ、Jアラートを鳴らすかどうか、判断しなければならない。そういう緊張感が官邸や危機管理センターを常に支配しています。

---

(16)　官邸ホームページによると、平成29年8月29日の弾道ミサイル発射時刻は5：58、発射情報をJアラートで送信したのが6：02と、9月15日は発射時刻6：57、Jアラート送信が7：00とされている。

図22

全国瞬時警報システム（Jアラート）とは

弾道ミサイル情報、緊急地震速報、津波警報など、対処に時間的余裕のない事態に関する情報を携帯電話等に配信される緊急速報メール、市町村防災行政無線等により、国から住民まで瞬時に伝達するシステム

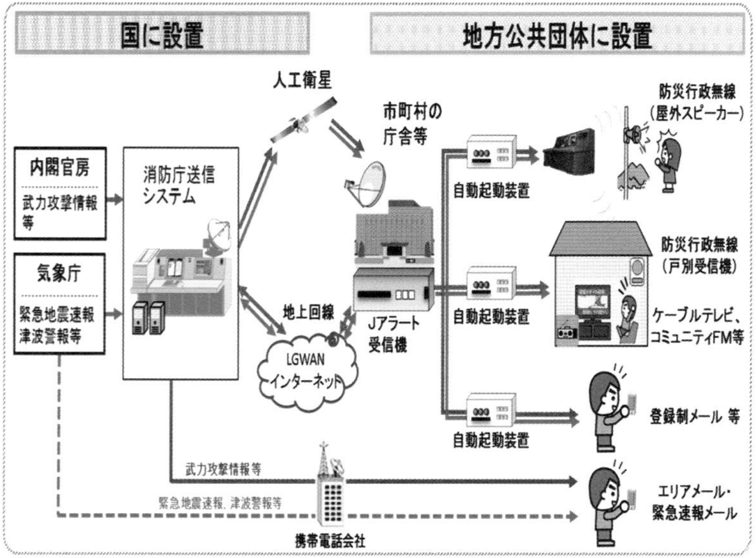

北朝鮮から発射された弾道ミサイルが日本に飛来する可能性がある場合における全国瞬時警報システム（Jアラート）による情報伝達について

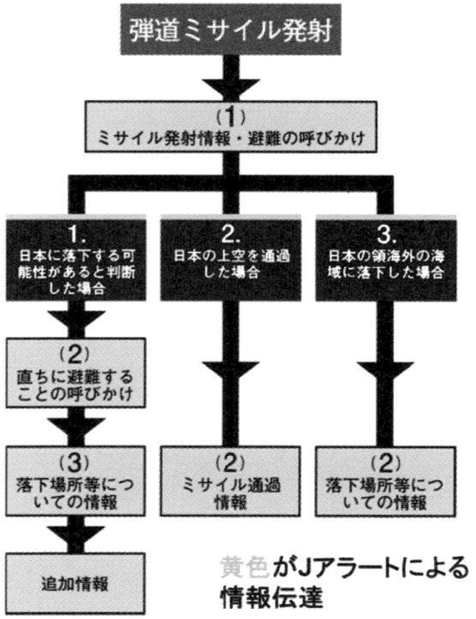

弾道ミサイル発射
(1) ミサイル発射情報・避難の呼びかけ

1. 日本に落下する可能性があると判断した場合
　(2) 直ちに避難することの呼びかけ
　(3) 落下場所等についての情報
　追加情報

2. 日本の上空を通過した場合
　(2) ミサイル通過情報

3. 日本の領海外の海域に落下した場合
　(2) 落下場所等についての情報

黄色がJアラートによる情報伝達

国に設置

内閣官房　武力攻撃情報等
気象庁　緊急地震速報 津波警報等
消防庁送信システム

人工衛星
地上回線
LGWAN インターネット

武力攻撃情報等
緊急地震速報 津波警報等

携帯電話会社

地方公共団体に設置

市町村の庁舎等
Jアラート受信機
自動起動装置

防災行政無線（屋外スピーカー）
防災行政無線（戸別受信機）
ケーブルテレビ、コミュニティFM等
登録制メール等
エリアメール、緊急速報メール

どういうときにＪアラートを鳴らすかというと、弾道ミサイルが日本の上空を通過、または我が国の領土・領海に落下するという判断があったときに瞬時に鳴らさなければならない、日本海の遠く、例えばEEZ[17]の境付近に落下するのであれば鳴らさない。国民の生命・身体・財産を守るため、とにかくずっと構えています。トイレに行くとか食事するヒマがないほどの緊張感でやっています。

　図22に示すようにこのＪアラート情報は、内閣官房で機械の操作をすると消防庁のシステムに信号が伝わり、そこから人工衛星に情報を打ち上げて市町村の自動受信機に信号が伝わります。その信号により防災行政無線の自動起動機等を起動させて、防災行政無線や地域のエリアメールで情報を流します。情報伝達手段の多様化という観点から、防災行政無線だけではなく、個別受信機やケーブルテレビ、登録制メールなどの整備もお願いしているところです。

　一方で、内閣官房から来た信号は消防庁のシステムを使って、**携帯大手３社**[18]**からエリアメール・緊急速報メールを流す**という形になっています。

　同様に緊急地震速報などの気象庁から発出された情報は、機械的に消防庁を通じて市町村の防災行政無線等に流れることとなっています。携帯大手３社については、気象庁から直接情報が流れる仕組みになっています。

　Ｊアラートの情報でも緊急地震速報でも、携帯大手３社のエリアメール・緊急速報メールを鳴らすことは国民の皆様への情報伝達手段として、とても重要なこととなっています。

---

(17)　**EEZ**：排他的経済水域（exclusive economic zone）。沿岸国が水産資源や海底鉱物資源などについて排他的管轄権を行使しうる水域。領海を越えてこれに接続する区域で、領海基線から 200カイリ（約370km）の範囲をいう。（コトバンク）

(18)　ドコモ、au、ソフトバンク

　一方で、大手３社以外のいわゆる**格安スマートフォン**の Android 端末については、その多くはエリアメール・緊急速報メールは受信できませんでした。

　格安スマートフォンの普及率は全国で約１割程度（平成29年３月頃）と言われていますが、この格安スマフォのエリアメール・緊急速報メール対策として、消防庁では「**Yahoo 防災速報**」のアプリをスマートフォンにインストールしてほしいなどという対策を推奨しました[(19)]。

　一民間事業者のアプリの導入を国が推奨していいかどうかなど、このときもいろいろ議論がありました。本当は NHK など公的機関のアプリが国民保護情報に対応していればありがたかったのですが、当時、Yahoo 防災速報アプリ以外のアプリは国民保護情報に対応していませんでした。国民の生命・身体・財産を守るためには、格安スマートフォンでも国民保護情報を受信できる態勢を緊急に整備する必要があったことから、Yahoo 防災速報アプリの導入を推奨することとしたのです。

　なお、平成30年１月以降は、格安スマートフォンの Android 端末においてもエリアメール・緊急速報メールの受信が順次可能になりました。

5　弾道ミサイルへの対処行動は

　次の**図23**が弾道ミサイルが発射されたときの**避難行動**の図です。こんな対策で効果があるのかという話を時々聞きます。

　これは、爆風や建物が破壊されたときの爆風や破片から身を守るためのものです。直撃されたらダメです。少なくとも、平成29年当時、北朝鮮の弾道ミサイルに爆弾が積載されているという話は聞いていませんでした。爆弾が積載されていないのであれば、弾道ミサイルの先端部分が日本に飛んでくる、いってみれば大きなガラが飛んでくるというイメー

---

(19)　スマートフォンアプリ等による国民保護情報の配信サービスの活用（平成29年５月11日消防庁報道発表資料）

図23

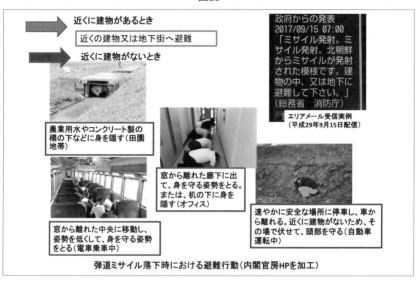

弾道ミサイル落下時における避難行動（内閣官房HPを加工）

ジでした。ガラが地上に落下してきたとき、その周囲にいる人を爆風や破片から保護するのが避難行動です。

　平成16年、17年頃に国民保護法や国民保護に関する基本指針を作ったときにイスラエルの民間防衛のマニュアル等を参考にしました。そのマニュアル等でも、こんなイメージでした。また、消防庁の資料によれば、湾岸戦争のときにイラクからイスラエルに6週間にわたり約40発の弾道ミサイルが撃ち込まれています。当時、化学兵器が使われる恐れがありましたが結果的には全て通常弾頭だったそうです。40発の弾道ミサイルにより、死者は直接当たった2人で、一方、化学剤が撒かれるんじゃないか、化学剤を防ぐために足に注射をしなければとか、防毒マスクをしなければいけない、地下のシェルターに潜りながらそういう行動をしていたので、心臓発作による死者が5名、ガスマスクの取り扱いミスによる死者が7名だったそうです。弾道ミサイルの直撃がなければ、または被災を防ぐ一定の行動をしていれば、一定程度被害が少なくなるという一つの例です。

　繰り返されていた北朝鮮の弾道ミサイル発射について、こういう避難行動をして欲しいというお願いとともに、実動訓練もすべきという考えに基づき、2017年（平成29年）の３月に初めて秋田で実働訓練を行いました。全国で初めての弾道ミサイルに対する住民の実動訓練ということで、私自身が仕掛けたのですが、どこの地域がこの訓練を全国ではじめて実施してもらえるかについては、その調整がとても難しかったです。なぜ秋田なのか、秋田が狙われているのか、訓練をするということはその蓋然性が高いのかなど議論が予想されました。秋田の県知事佐竹さんが、私の旧知の友人だったこと、当時の秋田県の危機管理監がかつて秋田県庁に勤務していた頃の同僚であったことなどもあり、強くお願いをして、**日本で初めての弾道ミサイル避難行動訓練を秋田県男鹿市で実施**してもらいました。一つの壁を乗り越えると、他都道府県でも危機感を持っていただき、各地で次々と訓練を実施してもらいました。それから１年間で、全国で100数十回の訓練が行われたところです。

Ⅳ 地域・県・国の危機管理体制

1 消防の体制、地域の防災体制

⑴ 大規模震災時の消防庁のオペレーションは

図24が大規模な地震発生時の消防庁の行動表です。

特に全国で震度6強以上（東京23区では震度5強以上）の地震が発生した場合、消防庁職員全員がただちに消防庁に登庁することとなっています。フルシフトと言っています。平日はもとより土日においても一定の人員が参集できるよう行動が管理されています。問題なのは、5月のゴールデンウィーク、8月のお盆、年末年始です。このようなときも大災害に的確に対応するため、当番を決め危機管理宿舎等に待機させることにより、一定の人員を確保しています。

図24

消防庁における地震発生時の対応			
応急体制	第 1 次	第 2 次	第 3 次
設置基準	震度5弱 津波注意報 東海地震に関連する調査情報（臨時）	震度5強 （東京都23区を除く） 津波警報	震度5強 （東京都23区に限る） 震度6弱以上 大津波警報 東海地震注意情報 東海地震予知情報 警戒宣言
対策本部等	災害対策室 （応急対策室長）	災害対策本部（部長）	災害対策本部（長官） 地震警戒本部（長官）
参集要領 勤務時間外 休日・祝日	・宿日直 ・1次応急当番	・当番班の職員	・消防庁全職員

　図25と**図26**が大規模災害時（初期）における消防庁のオペレーションです。大きく３つの役割があります。

　まず、消防庁の**災害対策本部を速やかに設置**して、都道府県、市町村、消防本部から情報を収集すること、併せて、その情報を官邸に参集している消防庁次長に連絡し危機管理監以下官邸幹部や他省庁に情報を提供することです。当然次長一人ではその仕事はできませんので、**リエゾン**[20]数人も官邸に派遣され、次長の補助をすることとなります。このリエゾンに災害対策に対応できるしっかりした人が派遣されるかによりその省庁の官邸でのパフォーマンスは大幅に変わってきます。

　二つ目は、被災地の都道府県災害対策本部や被災市町村に消防庁の**先遣隊を速やかに派遣**することです。先遣隊により被災地の情報収集をより密着して行うとともに、被災都道府県災害対策本部に設置される緊急消防援助隊調整本部の運営を都道府県職員等と行うこととしています。電話でいいのでは、なぜ現地にわざわざ行くのかと疑問をお持ちの方もおられると思いますが、情報収集は国側の観点で、国側のスピード感覚でしなければならないこと（特に災害初期の場合、国が必要とする情報と市町村が必要とする情報が異なることが多い。）、現地に派遣される緊急消防援助隊の部隊長との調整は緊急消防援助隊の全体像を把握している消防庁職員が行うことがスムーズな派遣につながることなどから現地への派遣は必須です。

　三つ目は、これがまさに肝となる仕事ですが、**緊急消防援助隊の派遣調整**です。まず、被災都道府県からの緊急消防援助隊の応援要請の有無について即座に確認するとともに、応援する側の消防本部の選定やその本部に対して出動準備を要請し、出動可能隊の把握をします。その上

---

(20)　リエゾン(liaison)：もともとは「連絡・連携や橋渡し、つなぐ」という意味のフランス語。各省庁から官邸に派遣され情報の連携、資料の提供等を行う。地方公共団体の災害対策本部への派遣等、一般的な言葉として使われている（四国技報（平成23年７月１日号）参照）。

図25

大規模災害等発生時における消防庁のオペレーション（1）

Ⅰ 消防庁災害対策本部設置

消防防災危機管理センター
における情報収集

総理官邸：危機管理センター

緊急（非常）対策本部等
派遣：連絡調整

Ⅱ 消防庁先遣隊を被災地へ派遣

情報収集・連絡調整

緊急消防援助隊
派遣調整

Ⅲ 緊急消防援助隊の派遣

被災地県に設けた緊急消防援助隊調整本部
（県庁での消防庁先遣隊による連絡調整）

図26

大規模災害等発生時における消防庁のオペレーション（2）

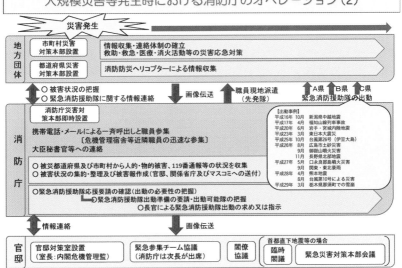

で、消防庁長官による緊急消防援助隊の出動の求め又は指示を行うこととしています。

⑵　地域の危機管理体制はどうなっている

　地域の危機管理体制を概念的に示したのが、**図27**です。

　消防の組織はどのようになっているのかと言いますと、常備消防として**消防職員が約16万人**います。**消防団員は約83万人、自主防災組織は約4,400万人**活動していただいています。自主防災組織は大変人数も多くなっていますが、その活動能力、資機材等については組織によって相当差があるのも事実です。

　その中で全国の消防本部の現況を示したのが**図28**です。平成31年４月現在、全国で726の消防本部がありますが、この中で特に東京消防庁は職員数約１万８千人と非常に大きな組織となっています。

図27

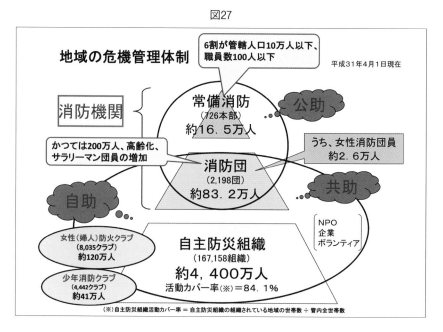

次に大きいのが横浜市消防局の約3,800人、大阪市消防局約3,500人、名古屋市消防局約2,300人となっています。逆に**図28**から分かるように管轄人口が1万人未満で職員数が30人前後の消防本部も17程度あります。各地域において、常備消防の消防力の強弱は相当あると思います。多分、今、千代田区永田町あたりで火災があれば、ここは東京消防庁の管轄区域ですので、40台、50台の消防自動車が来ると思います。あっという間に消す態勢はでき、倉庫などものによっては消しにくいかもしれませんが、世界でも有数の消防力であっという間に消火することと思います。

　東京消防庁のホームページによれば、車両等については、ポンプ車、救急車、はしご車から始まり消防ヘリや消防艇まで含めると約2,000台を配備し災害に備えているということです。

　東京消防庁はこのように充実した人員を有していますが、全国の消防本部の人員の状況は**図28**のとおりです。全国726の消防本部のうち、管

図28

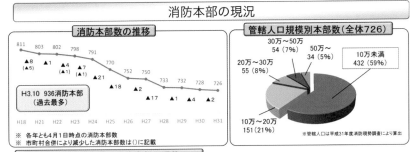

消防本部の現況

管轄人口が10万未満の消防本部の現状

管轄人口規模	本部数		管轄人口 (平均)		職員定数 (平均)	
	H18.4	H31.4	H18.4	H31.4	H18.4	H31.4
～1万未満	11	17	6,594	6,772	26	33
1万～2万未満	30	34	16,618	16,618	45	57
2万～3万未満	64	67	25,192	25,235	56	65
3万～4万未満	82	66	34,980	34,596	62	78
4万～5万未満	70	50	44,938	44,938	82	87
5万～10万未満	230	198	71,868	72,241	107	122

※ 全国消防長会「消防現勢」に基づく平成31年4月1日現在の数値を用いて算出
※ 消防費の単位費用において標準団体は、人口10万あたり職員数132人

轄人口が10万人未満で職員数が100人前後以下の本部数は432本部と全体
の６割を占めています。常備の消防力にそれなりの差があることも意識
していただければとお思いします。

　消防庁では全国の消防力の強化を図るべく、平成６年以降通知により
消防の広域化を、また、平成18年には消防組織法の改正を行い法に基づ
き消防の広域化を推進してきたところですが、平成18年以降、54の地域
で広域化が実現した（平成31年４月現在）ものの、まだ小規模な消防本
部も数多く残っているのも事実です。

　消防の広域化にはいろいろ賛否があるところですが、我が国の今後の
人口減、高齢化の進展等を考慮すると消防力を強化するための一つの方
策として、**都道府県単位に消防を広域化**していくことも検討されるべき
と思います **（コラム⑦参照）**。

⑶　**誰が助けてくれるのか**

　さて消防以外にこの世の中で我々を救助してくれる組織はどういう組
織がどれくらいあるのだろう、これを図にしてみたのが**図29**実動部隊（救
助）に関する国・地方の行政組織です。この図には、常勤・非常勤の国・
地方の公務員を中心に計上していますが、**DMAT** のチームには民間の
医療関係者を含みます。大雑把にいうと**警察災害派遣隊**（かつての広域
緊急援助隊）が約１万人、DMAT のお医者さん、看護師さん、事務の方
の部隊が約１万３千人、TEC-FORCE といわれる、平成27年の常総市を
中心とした水害のときにポンプ車を使って排水などを行った部隊が約１
万３千人、**海上保安庁**は、今は海上だけでなく陸上でも相当ヘリを飛ば
し救助活動を行っていますが約１万４千人、**自衛隊**が約23万人、こうい
う国を中心とした救助に関する組織があります**（コラム④、⑤、⑥参照）**。

　地方では、警察が約29万人、消防官が約16万、消防団員が約83万人。
これらの人数を足して総人口で除してみると、人口100人に１人しかこ
の救助部隊はいません。地域の分布は無視しています。

図29

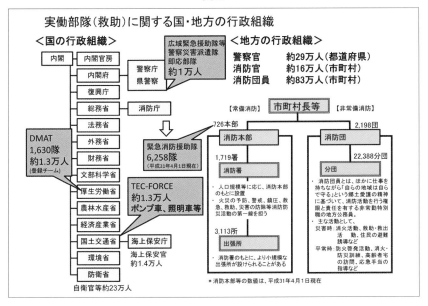

　そういう中では、やはり地域密着で地域に即座に活動できるこの83万人の消防団員が災害時に地域でどう活躍できるかが国民の命を救う上で大きい意味を持ちます。**消防団は地域防災の要**といっても過言ではありません。

　2016年（平成28年）4月14日及び16日に**熊本地震**がありました。熊本市の東側に西原村という村があります。人口約7千人で消防事務は政令市である熊本市に委託しています。西原村には消防の出張所が一つあります。一つあるということは、消防自動車と救急車が1台ずつ、夜中に当直として出張所に泊まっている署員は4、5人かと思います。この村の熊本地震が発生したときの被害は、全壊が約500棟、半壊が約1,400棟、死者5名（平成29年4月現在）だったそうです。これだけの棟数が全壊した中、署員でできる活動は大変限定的です。西原村の消防団、約250人の団員だそうですが、その消防団はチェーンソーを使って屋根を

切ってつぶされた家屋の中からおばさんを救い出したそうです。何軒かあったそうです。消防団の方々は、この家ならここの部屋に、屋根のこの辺の下におばあさんがいるはずだという情報を把握していたこと、その前年に消防団でチェーンソーを使って救出訓練をしていたことから、救出に結び付いたそうです。まさに、地域密着で即時活動できる消防団にしかできない活動だと思います。

（コラム④　警察災害派遣隊とは）

　災害時における主な警察活動としては、発災直後の地域住民の避難誘導、救出救助、行方不明者の捜索からはじまり、交通規制（緊急交通路の確保等）、検死等による身元確認、被災地の警戒、犯罪の予防取締り、各種相談等被災者の支援活動など、幅広い活動が期待されています。

　その中でも、図にあるように平成24年５月から大規模災害発生時には警察災害派遣隊を編成し、広域的な部隊運用を行うこととしています。

（2）　警察災害派遣隊の概要

東日本大震災への対応を教訓とし、大規模災害発生時における広域的な部隊運用の拡充を図るため、平成24年5月より、即応部隊（約1万人）と一般部隊から構成された警察災害派遣隊を編成

警察災害派遣隊

即応部隊　約1万人

広域緊急援助隊

約2,600　警備部隊　被災者の救出救助

約1,500　交通部隊　緊急交通路の確保

約1,500　刑事部隊　検視等・身元確認

広域警察航空隊　約500

機動警察通信隊　約1,100

緊急災害警備隊　約3,000

一般部隊

特別警備部隊　捜索、警戒警ら

特別交通部隊　交通整理・規制

特別自動車警ら部隊　パトロール

特別生活安全部隊　相談対応

特別機動捜査部隊　初動捜査

支援対策部隊　補給・受援対策

身元確認支援部隊　身元確認の資料収集

情報通信支援部隊　通信施設の復旧

　警察災害派遣隊は、全国の警察から直ちに派遣される「即応部隊」（約1万人）と、長期間にわたって警察活動を行う「一般部隊」から組織されています。その主な活動内容は図のとおりです。図に示すようにこの即応部隊は、被災者の救出援助活動の中心的役割を果たす「広域緊急援助隊」（約5,600人）、ヘリの運用を担う「広域警察航空隊」（約500人）、警察通信を担う「機動警察通信隊」（約1,100人）、警備を担う「緊急災害警備隊」（約3,000人）で編成されています。　　　　　　　　　（警察庁ホームページより抜粋・要約）

（コラム⑤　DMATとは）

　DMATとは災害派遣医療チーム（Disaster Medical Assistance Team）のことです。大地震及び航空機・列車事故といった災害時に被災地に迅速に駆けつけ、救急治療を行うための専門的な訓練を受けた医療チームです。阪神・淡路大震災では、多くの傷病者が発生し医療の需要が拡大する一方、病院も被災し、ライフラインの途

絶、医療従事者の確保の困難などにより被災地域内で十分な医療も受けられずに死亡した、いわゆる「避けられた災害死」が大きな問題として取り上げられました。

　自然災害に限らず航空機・列車事故といった大規模な集団災害において、一度に多くの傷病者が発生し医療の需要が急激に拡大すると、被災都道府県だけでは対応が困難な場合も想定されます。

　このような災害に対して、専門的な訓練を受けた医療チームを可及的速やかに被災地域に送り込み、被災地域での緊急治療や病院支援を行いつつ、被災地域で発生した多くの傷病者を被災地域外に搬送することを目的に DMAT が2005年（平成17年）に厚生労働省により創設されました。その概要は図のとおりです。

（日本 DMAT 活動要領、厚生労働省ホームページより抜粋・要約）

（コラム⑥　TEC－FORCE とは）

　大規模自然災害への備えとして、迅速に地方公共団体等への支援が行えるよう、平成20年４月に国土交通省に TEC-FORCE が創設されました。TEC-FORCE は、**図①**に示すように、大規模な自然災害等に際して、被災自治体が行う被災状況の迅速な把握、被害の拡大や二次災害の防止、被災地の早期復旧等に対する技術的な支援を円滑かつ迅速に実施します。

　国土交通省の災害対策本部長の指揮命令のもと、全国の各地方整備局等の職員が活動します。隊員としては、**図②**に示すように全国の国土交通省各組織の職員合計12,654名（平成31年４月現在）が予め任命されており、災害の規模に応じて全国から被災地に出動します。

　活動内容としては、**図①**に示すように、災害対策用ヘリコプターによる被災状況調査を始め、排水ポンプ車による緊急排水、消防等の捜索活動に対する技術的助言などを行います。

　これまでの出動実績は、**図③**に示す通りですが、96の災害に延べ８万人を超える隊員が派遣されています。

図①

73

図②

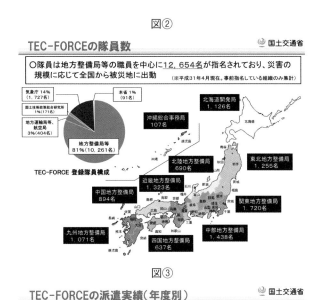

図③

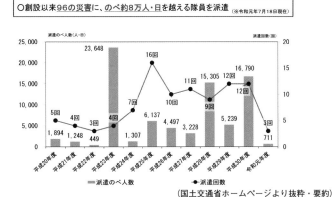

（国土交通省ホームページより抜粋・要約）

2　大規模震災時、公的機関は多くの人を助けられない

(1)　大規模震災への備えは

　本当に大きな災害があったときに、公的な機関は人を救い出せるのでしょうか。**図30**に示したのが、**阪神・淡路大震災時の西宮市の状況**です。西宮市は人口が47万人、消防職員463人、全国の消防本部の中では非常に大きな組織です。消防団員は737人で全国平均より少ないです。ただ、阪神・淡路大震災のときの被害が、全壊が3万4千棟、死者が千人、火災発生が41件でした。とても地域の消防力だけでは対応できません。

　そのときの日本火災学会の調査によると、生き埋め、閉じ込められた人などのうち公的な機関に助けられた人は全体の2％しかいなかったそうです。

　現在、首都直下地震、南海トラフ地震の発生等が危惧されています。

図30

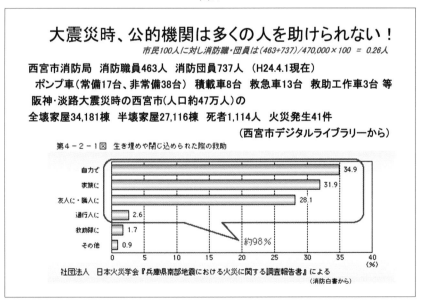

75

　そして、まさに首都東京での大規模地震の発生も危惧されています。先ほど東京消防庁は職員数１万８千人の日本一の消防力を誇る消防本部と紹介しました。しかし、その東京消防庁でも、首都直下地震等では、救助や消火に手が回らない可能性が大きいです。例えば、東京湾北部を震源とする首都直下地震が起きると、内閣府防災の計算では、都内での出火件数は811件、消失棟数は約19万棟と想定されています。例えば世田谷消防署管内では、数十件の出火が起きると想定されています。数十件の火災が起きるということは、一箇所の火事に消防団を含めて一台の消防自動車が行けるかどうかです。火事を消すのではなくいかに燃え広がるのを防ぎょするかで精一杯です。ですから、すべての人は助けられない、いざというとき、皆さん方は自分たちで生きていかなければならない、自分たちで助かるしかない、これは事実だと思うんです。平時は消防車も救急車もたくさん来ます。でも、大きな地震があったら消防機関は来ないんです。

(2)　糸魚川大規模火災への対応

　2016年（平成28年）12月22日(木)に**新潟県糸魚川市**で大きな火事がありました。その概要を**図31**と**図32**に示していますが、**図32**の左の写真ですが、下部（南側）に北陸新幹線が走っています。図の下部の右側が糸魚川駅です。これより北側の区域、東西約200メートル、南北約300メートル、この区域が燃えてしまいました。赤線で囲った地域がほぼ焼失した区域です。地図の北側は日本海です。約３万㎡が消失しました。南から北に向かって最大瞬間風速27メートル／秒の風が吹き、10数カ所に飛び火し、次々に延焼したことがこの大規模火災の特徴です。図の下部の飲食店の火点からの火が南風にあおられ、日本海までその地域一帯を焼き尽くしたのです。

　この**大規模火災**[21]について当時、糸魚川市消防の消防長さんからもお話を伺いました。「本当に大きな火事になってしまい申し訳なかっ

図31

平成28年　糸魚川市大規模火災

火災の概要

○ 平成28年12月22日10時20分頃、新潟県糸魚川市、糸魚川駅北側に位置する木造建築物密集地域の飲食店より出火
○ 出火原因：大型こんろの消し忘れ
○ 焼損棟数147棟、焼損床面積30,213㎡負傷者17人(うち消防団員15人)
○ 強風により複数箇所に飛び火が発生するなど、広範囲に延焼拡大
　・最大風速13.9m/s、風向：南(10：20糸魚川市気象観測点)
　・最大瞬間風速27.2m/s、風向：南南東(11：40糸魚川市消防本部)

発生日時等
発生：平成28年12月22日10時20分頃
覚知：平成28年12月22日10時28分
鎮圧：平成28年12月22日20時50分
鎮火：平成28年12月23日16時30分

消防活動等の状況

【出動状況等】
○12月22日
　10時35分：消防本部現場到着
　10時47分：消防第2出動
　11時21分：最初の飛び火を確認
　11時35分：消防団第3出動
　12時00分：上越地域消防事務組合消防本部へ応援要請
　　　　　　新川地域消防組合消防本部へ応援要請
　12時26分：消防団第4出動
　12時47分：糸魚川地区生コン組合に水の搬送要請
　　　　　　国土交通省北陸地方整備局へ排水ポンプ車等の支援要請
　13時00分：糸魚川市駅北大火対策本部設置
　13時10分：新潟県広域消防応援要請
　13時59分：自衛隊へ派遣要請
　15時45分：北アルプス広域連合消防本部へ応援要請
　21時05分：糸魚川市建設業協会へ重機の支援要請
○12月23日
　13時30分：自衛隊撤収
　13時30分：応援消防隊解散式

【水利の確保】
○消火栓、防火水槽、用水路のほか、
○新潟市消防局のスーパーポンパー
○糸魚川地区生コン組合のコンクリートミキサー車 36台
　　　　　　　　　　　　　　　　　等を活用
【避難勧告の発令】
○12月22日
　12時22分：本町、大町2丁目 273世帯 586人
　16時30分：大町1丁目　　　 90世帯 158人　計 363世帯 744人
○12月24日
　16時00分：避難勧告解除

12月22日(ピーク時)

	車両台数	活動人員
糸魚川市消防本部	16台	74人
糸魚川市消防団	72台	756人
県内外応援消防隊	38台	175人
計	126台	1,005人

図32

糸魚川市大規模火災（平成28年12月22日）

赤枠が焼失部分
東西200メートル
南北300メートル
➡ 付近が火元

写真提供：糸魚川市消防本部

30,213㎡、147棟焼損。負傷者17(うち消防団員15)。最大瞬間風速27m/s

た。しかし、自分たちの誇りは、一人の死者も出さなかったことだ。」。
これはすごいことです。まさに地域の防災力、自助・共助の力が大き
かったのではないでしょうか。けがをされた方が17人でしたが、2人は
逃げるときに転んでのけがでした。残りは消火活動に当たった消防団員
の方々がけがをされました。糸魚川の団員の方は、しころやシールド付
きのヘルメットを持っていなかったため、火の粉が目に入った怪我が多
かったようです。

　もう一つの特徴は、やはり、地域の消防団の力がすごかったというこ
とです。糸魚川市は人口4万人、常備の消防職員90人、ポンプ消防車7
台か8台の消防力です。ところが消防団員が千人もいるのです。可搬も
含めポンプ消防自動車が70数台あるのです。その方たちが東西に延焼し
ないよう抑えた。残念ながら強風により火元の北側は延焼してしまいま
したが、東西の延焼は消防本部や消防団の力で抑えることができまし
た。

　全国では、消防団も人口減少、高齢化等を受け、なり手が少なくなっ
ています。ですから、社員や職員の方で消防団員になりたいという方に
は進んで入って頂けるよう、よろしくお願いします。ぜひ、会社の幹部
の方々には社員が進んで消防団員になりやすいような勤務条件の整備、
訓練や火災出動に出やすいような環境整備をよろしくお願いします。民
間の会社では、**セコムさん**[22]が消防団入団の環境整備を社長さん自ら
本当に熱心にやっていただいています。

---

(21)　消防白書では建物の焼損面積が33,000㎡（1万坪）以上の火災を大火と定義
　　づけている。糸魚川の火災は**大規模火災**と呼んでいる。

(22)　**セコム株式会社**：社をあげて消防団活動に協力し、消防団に加入する従業員
　　をバックアップ。勤務時間中に消火活動や訓練等に参加。勤務時間中の消防団
　　活動については、特別休暇を取得（上司は業務に支障が出ないよう調整）。兼
　　業禁止規定は適用しない。
　　　現在全国で130名を超える社員が消防団に参加（消防庁、セコムのホーム
　　ページより（令和2年5月時点））

図33

人口に対する消防職団員数の比率（平成31年4月1日現在）

	さいたま市	岩泉町	糸魚川市	東京消防庁	全国	（参考）長野県小谷村 人口2,800人 団員254人
人口（人）	1,306,079	8,897	42,590	13,652,339	127,126,373	
面積（km²）	217	992	746	1,769	370,664	
消防職員数	1,326	27	91	18,367	165,438	9.07
消防団員数（実員）	1,207	530	1,008	20,933	831,982	
（職員数＋団員数）／人口（％）	0.19	6.26	2.58	0.29	0.78	100人に0.8人

（消防庁HP、全国消防長会平成31年度版消防現勢から作成）

　いざというときには、この消防団員の力がすごく大きいと思います。一つの指標、考え方ですが、**図33**にあるように消防職員・消防団員数を足したものを人口で割って百分率にすると、全国平均は0.78ですが、先の糸魚川市2.58、平成28年台風10号による水害で大きな被害が出た岩手県岩泉町6.26で100人に２人ないし６人が消防団員です。悉皆的に調べたわけではありませんが、私が把握している限りでは長野県の小谷村は人口2,800人に対し消防団員が254人、百分率は9.07、10人に１人は団員です。強い地域防災力を有していると思われます。一方、東京消防庁0.29、さいたま市0.19で、1,000に２人か３人しかいないんです。いざというとき、誰も助けてくれないんです。自分で生きていくしかない、自分で、家族で、地域で助かる方法を考えておくことです。この数字がすべてではありませんが大規模災害時、消防は火を消しに来てくれない、救急車も来ない、と思っていてください。

⑶　糸魚川大規模火災を踏まえた対応策

　図34に糸魚川市大規模火災を踏まえた対応策をまとめています。

　各地域の消防本部で取り組むべき事項や消防庁における対応について整理しています。

　まず、各消防本部においては、自らの管轄区域における市街地構造を

図34

糸魚川市大規模火災を踏まえた対応策

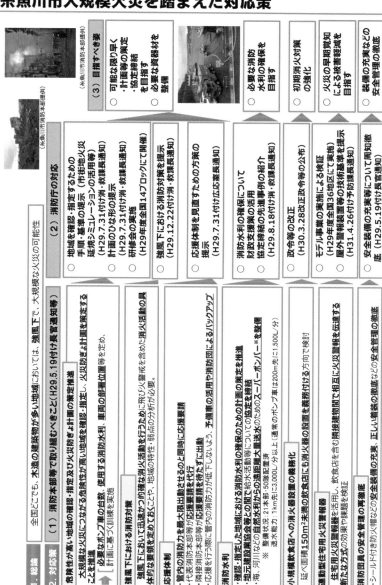

（糸魚川市消防本部提供）

1. 総論　全国どこでも、木造の建築物が多い地域においては、強風下で、大規模な火災の可能性

2. 対応策

（1）消防本部等で取り組むべきこと（H29.5.19付け長官通知）

- 危険性が高い地域の確認・指定及び火災防ぎょ計画の策定推進
  - 大規模な火災につながるおそれがある危険性が高い地域を確認・指定し、火災防ぎょ計画を策定することを推進
    - → 必要なポンプ車等の台数、使用する消防水利、車両の部署位置等を定め、計画に基づく訓練を実施。

- 強風下における消防対策
  - 強風下において迅速かつ的確な消火活動を行うために飛び火及び火災警戒を含めた消火活動の具体的な重点を定めておくことや、地域の特性・器材の能力の分析が必要。

- 応援体制
  - 管内の消防力を最大限出動させるのと同時に応援要請
  - 代表消防本部が応援要請を代行
  - 隣接消防本部等が応援要請を待たずに出動
  - 応援を行う際に管内の消防力が低下しないよう、予備車の活用や消防団によるバックアップ

- 消防水利
  - 確認・指定した地域における消防水利の確保のための計画の策定を推進
  - 地元消防団や自治会等との連携で給水活動等の協定を締結
  - 海、河川などの自然水利からの遠距離大量送水のためのスーパーポンパー※等を整備
    - ※整備状況：21本部・50隊配置済
    - 送水能力：1km先で3,000L/分以上（通常のポンプ車は200m先に1,500L/分）

- 小規模飲食店への消火器設置の義務化
  - 延べ面積150m²未満の飲食店にも消火器の設置を義務付ける方向で検討

- 通電型住宅用火災警報器
  - 住宅用火災警報器を活用し、飲食店等を含む隣接建物間で相互に火災警報を伝達する新たな方式の効果や課題を検証

- 消防団員の安全管理の再徹底
  - シールド付き防火帽などの安全装備の充実、正しい着装の徹底などの安全管理の徹底

（2）消防庁の対応

- 地域を確認・指定するための手順・基準の提示（市街地火災延焼シミュレーションの活用等）（H29.7.31付け消防・救援長通知）
- 計画のひな形の提示（H29.7.31付け消防・救援長通知）
- 研修会の実施（H29年度全国14ブロックにて開催）
- 強風下における消防対策を提示（H29.12.22付け消防・救援長通知）
- 応援体制を見直すための方策の提示（H29.7.31付け広域応援長通知）
- 消防水利の確保について財政支援策の活用
- 協定締結の先進事例の紹介（H29.8.18付け消防・救援長通知）
- 政令等の改正（H30.3.28改正政令等の公布）
- モデル事業の実施（H29年度全国36地区にて実施）
- 屋外警報装置等の技術標準を提示（H31.4.26付け予防課長通知）
- 安全装備の充実等について周知徹底（H29.5.19付け長官通知）

（3）目指すべき姿

- 可能な限り早く・計画等の策定・協定締結を目指す
- 必要な資器材を整備
- 必要な消防水利の確保を目指す
- 初期消火対策の強化
- 火災の早期覚知による被害軽減を目指す
- 装備の充実などの安全管理の徹底

分析し、木造の建築物が多い地域などの大規模な火災につながる危険性が高い地域（「**大規模火災危険地域**」）を確認・指定しておくことが必要です。その上で、火災が発生した時点において迅速かつ適切な消防活動を行うため、出動すべき消防車両の台数、飛び火警戒のための職員の配置等について、あらかじめ基準等を定めて準備を行っておく、すなわち大規模火災危険地域を視野においた火災防ぎょ計画を作成しておくことが必要です。2017年（平成29年）1月に行った全国の消防本部に対するアンケートによれば、約60％の消防本部において、こうした準備が行われていません。早急に計画策定が求められると思います。

　次に、各消防本部において、大規模火災発生時においては、出動基準を踏まえ消防団を含む消防力を最大限投入するとともに、応援要請の迅速化のため、応援要請を同時に行うことが必要です。

　例えば、多数の消防本部に応援要請を行う必要がある場合は、一の消防本部に対して応援要請を行い、その要請を受けた消防本部が他の消防本部への応援要請を代行するなどの体制を隣接消防本部等とあらかじめ構築しておくことなど事前の準備が重要です。小規模な消防本部では、消火活動に集中し、応援の要請ができないおそれがあることから、隣接消防本部等との間で火災の状況を常時共有できる体制を構築し、被害が大きいと予想される場合は応援要請を待たずに出動することを、あらかじめ当事者間で取り決めておくことが必要です。

　さらに、大型の水槽車による給水、消防団による給水等に加え、10 t水槽車等による他の消防本部からの応援及び国土交通省の排水ポンプ車、民間事業者のコンクリートミキサー車等による支援等についても検討することが必要です。

　これらのことについて、消防庁において、先進事例を紹介すること等としています。

　一方、今回、火元となった**小規模飲食店**においては、**消火器設置が義務化されていません**。消防庁では2018年（平成30年）3月28日に政令改

正を行い、延べ面積150㎡未満の飲食店にあっても消火器の設置を義務付けることとしました。2019年（令和元年）10月１日からこの消防法施行令は施行されています（消防の動き2017年８月号参照）。

⑷　消防団の現状と今後の対応

　大規模災害のときに、まさに、**地域の総合的な防災力の要**となるのが消防団です。ただ、残念ながらその数は、**図35**にあるように年々減少しており、2019年（平成31年）４月現在、約83万人となっています。この要因としては、消防団員のサラリーマン化、少子高齢化などの影響が考えられますが、各自治体においては、将来発生が懸念される南海トラフ地震や首都直下地震等の大規模災害等に対応するためにも、さらなる充実強化を推進していくことが求められます。

　その充実強化策の一環として、消防庁では**女性消防団員**の加入促進を推進しており、**図35**に示すように、平成31年４月現在、女性消防団員の数は約２万７千人となっており、年々増加しています。

　また、併せて、長期的に消防団員を確保していくためには若い人材の確保が重要であり、大学生等の若者が消防団活動に参加し、消防や地域防災に関心を持つことにより、卒業後においても地域防災の担い手となることが期待されていることから、学生団員の加入も促進しており、平成31年４月現在、約５千２百人となっています。

　一方、市町村の非常勤職員である消防団を支える**消防財政**についても、消防庁はその充実確保を図ろうとしているところであり、その概要を示したものが、**図36**から**図38**です。

　図36に示しているのは地方交付税（普通交付税）の概念図です。大雑把に言えば、当該市町村が行政活動を行う上で一般財源で必要となる支出額を基準財政需要額といい、その団体で見込まれる地方税等の収入額（基準財政収入額）を差し引いたものが、地方交付税として、当該団体に交付されます。

図35

消防団の組織概要等に関する調査結果（概要）

○ **消防団員数は831,982人**（前年度比▲11,685人（▲1.4%）） 平成31年4月1日現在
  ※定年や役員の任期満了に伴う退団や、消防団の組織改編に伴う退団、本業の多忙による退団等が主な要因
○ 重点的に確保に取り組んできた**女性団員、学生団員については増加** [注1]
  ・ 女性団員 26,605人（＋624人（＋2.4%）） ・ 学生団員 5,218人（＋656人（＋14.4%）） ※学生消防活動認証制度は290市町村で導入
○ **機能別団員は増加**の一方、**基本団員が減少** [注2]
  ・ 機能別団員 23,536人（＋2,492人（＋11.8%）） ・ 基本団員 808,446人（▲14,171人（▲1.7%））

1 消防団の現況
○ 消防団数：2,198団（全国すべての市町村に設置）
○ 消防分団数：22,306分団

2 消防団員数の推移

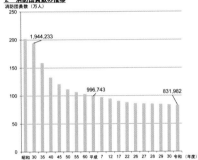

3 被雇用者団員比率の推移

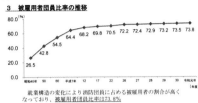

就業構造の変化により消防団員に占める被雇用者の割合が高くなっており、被雇用者団員比率は73.8%

4 職業構成及び就業形態の状況

	被雇用者	公務員	特殊法人（農協・公社等）	日本郵政	学生	自営業その他
H30団員数(人)	621,290	68,477	30,103	6,651	4,562	217,815
R1団員数(人)	614,117	68,767	29,646	6,589	5,218	212,647
構成割合	73.8%	8.3%	3.6%	0.8%	0.6%	25.6%

[注1] 女性団員の総数には女性の学生団員を含む。また、学生団員の総数には女性の学生団員を含む。
[注2] 機能別団員とは、災害の防除、被害軽減等に向けた特定の活動・役割に限った上で当該活動等を遂行する消防団員をいう。一方、基本団員とは、災害の防除、被害軽減等に向けた活動のすべてを遂行する消防団員をいう。

5 女性消防団員数の推移

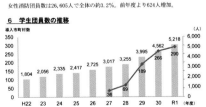

女性消防団員数は26,605人で全体の約3.2%。前年度より624人増加。

6 学生団員数の推移

学生消防団員数は5,218人。前年度より656人増加。

7 機能別団員数の推移

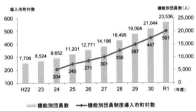

機能別団員数は23,536人。前年度より2,492人増加。

8 消防団協力事業所数等の推移

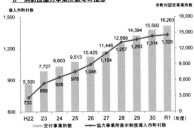

　基準財政需要額は、「各地方団体の支出の実績（決算額）でもなければ、実際に支出しようとする額（予算額）でもありませんが、地方団体における個々具体的な財政支出の実態を捨象して、その地方団体の自然的・地理的・社会的諸条件に対応する合理的でかつ妥当な水準における財政需要として算定される」（総務省 HP より）ものです。いわば、各地方公共団体ごとの標準的な水準における行政サービスを提供するために必要となる額を示しています。その標準的な水準として団員報酬は年36,500円、出動手当は１回7,000円が示されています。また東日本大震災における公務中の消防団員の被災にかんがみ、**図37**に示すように、**消防団の新たな装備基準**について、交付税措置が充実されたところです。後述するように、東日本大震災では多くの消防団員が犠牲になりました。今後の大災害に備えるためにトランシーバーやライフジャケット等の装備の充実が求められます。

図36

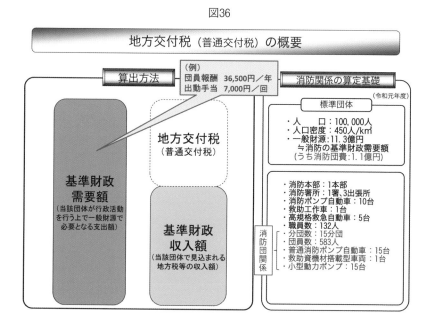

図37

消防団の新たな装備基準

標準団体1,000万円(H25)→1,780万円(R01)

装備基準の改正目的

平成25年12月13日に公布・施行された「消防団を中核とした地域防災力の充実強化に関する法律」を受け、情報通信機器、安全確保のための装備、救助活動用資機材等の消防団の装備を充実するよう、「消防団の装備の基準」(消防庁告示)を改正。(平成26年2月7日公布)

主な改正内容

○双方向の情報伝達が可能な情報通信機器の充実
　　双方向通信機器(トランシーバー等)⇒全ての団員に

○消防団員の安全確保のための装備の充実
　　安全靴(救助用半長靴)、ライフジャケット、防塵マスク等の装備⇒全ての団員に

○救助活動用資機材の充実
　　自動体外式除細動器(AED)、油圧切断機、エンジンカッター、チェーンソー、油圧ジャッキ、投光器等の救助活動用資機材⇒全ての分団に

地方交付税措置の拡充

消防団の装備の基準の改正に伴い、消防団の装備について、地方交付税措置を大幅増額(標準団体(人口10万人)当たり、約1,000万円(平成25年度)から1,600万円(平成26年度)、約1,680万円(平成27年度)、約1,730万円(平成28年度)、約1,770万円(平成29年度、平成30年度)、約1,780万円(令和元年度)へ増額)

図38

消防防災関係の主な地方財政措置について

消防団に係る普通交付税措置(平成30年度)

標準的な市町村
人口:100,000人、面積:160k㎡(H26) → 210k㎡(H27〜)、分団数:14分団(H26) → 15分団(H29〜)、団員数:563人(H26) → 583人(H29〜)　※H27からH29にかけて段階的に所要の経費を増額

1. 報酬等
報酬等合計　約4,560万円 [H29] → 約4,560万円 [H30]

　○ 団員報酬　約2,180万円 [H30]　(団員1人年額　36,500円)
　○ 出動手当等　約2,380万円 [H30]　(1回当たりの出動手当　7,000円)

2. 消防団の装備・車両

　○ 装備(安全確保装備、情報通信資機材、活動用資機材等)
　　　約1,770万円 [H29] → 約1,770万円 [H30]
　　　※1「消防団の装備の基準」の改正に伴い、H26に交付税措置拡充(約1,000万円 → 約1,600万円)
　　　※2 標準団体の見直しに伴う団員数の増加に対応してH27〜H29にかけて経費が増加

　○ 車両(自動車関係経費)　約1,390万円 [H29] → 約1,420万円 [h30]

3. 消防団の入団促進に係る経費　500万円 [H30]　(H26から新たに算入)
　　　　　　　　　　　　　　　　※ H29と同額

4. その他(団員被服費、共済負担金等)　約2,790万円 [H29] → 約2,780万円 [H30]

標準的な市町村が消防団のために必要となる経費 ⇒ 合計 約1億1,030万円

　消防団に係る普通交付税措置を取りまとめたものが、**図38**です。標準的な市町村（**図36**にあるように人口10万人規模の市町村）が消防団のために必要となる経費として約１億１千万円が普通交付税措置されています。

　さらに、標準的な市町村における常備を含めた消防のために必要となる経費として、約11億３千万円、普通交付税上、積算されています。これらの数字を一つの目安として、消防団や常備消防の充実強化を図っていく必要があります。

3　津波、水害にどう立ち向かうのか

⑴　うちには神様がついている？
　もう一つ大きなテーマとしては、津波災害、水害への対応です。

　東日本大震災のとき、本当に悲しむべきことですが、消防職員の方が27人、消防団員の方が198人公務災害で亡くなりました。ご冥福をお祈りします。避難誘導、水門閉鎖、人命救助、まさに国民の生命・身体・財産を守ろうとして亡くなられました。そのことを踏まえ、消防庁では検討会[23]を作って消防職員・消防団員の活動のあり方についていろいろ検証しました。

　その検討会報告書の要旨を**図39の津波災害時の消防団活動・安全管理マニュアル**に示しています。まず第一は、津波災害時、水害時の消防活動について、いざというときの消防団活動・安全管理マニュアルを作って欲しいというお願いをしました。このマニュアルの肝は津波が来る前に消防職員・消防団員は逃げるということです。津波災害時には、情報がない状況では**退避を優先**するんだ、活動時には団員の退避時間を必ず

---

(23)　「東日本大震災を踏まえた大規模災害時における消防団活動のあり方等に関する検討会」報告書（平成24年８月30日消防庁）

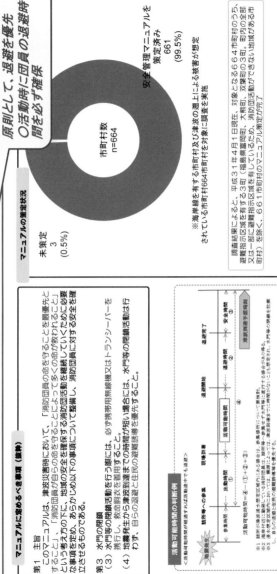

図39

津波災害時の消防団活動・安全管理マニュアル

○情報がない状況では
原則として、退避を優先
○活動時に団員の退避時
間を必ず確保

マニュアルに定めるべき事項 （抜粋）

第1 主旨
　このマニュアルは、津波災害時において、「消防団員の命を守ることを最優先とすること」、「消防団員が自らの命を守ることによって多くの命が救われること」という考え方の下に、地域の安全を確保する消防団活動を継続していくために必要な事項を定め、あらかじめ以下の事項について整備し、消防団員に対する安全を確立させるものである。

第3 水門等の閉鎖
（3）水門等の閉鎖活動を行う際には、必ず携帯用無線機又はトランシーバーを携行し、救命胴衣を着用すること。
（4）地震発生から津波到達までの時間が短い場合には、水門等の閉鎖活動は行わず、自らの退避と住民の避難誘導を優先すること。

活動可能時間の判断例

<活動可能時間が経過する前に活動地点から退避>

マニュアルの策定状況

市町村数
n=664

未策定
3
(0.5%)

安全管理マニュアルを
策定済み
661
(99.5%)

※沿海岸線を有する市町村及び津波の遡上による被害が想定されている市町村664市町村を対象に調査を実施

調査結果によると、平成31年4月1日現在、対象となる664市町村のうち、避難指示区域を有する3町（福島県富岡町、大熊町、双葉町の3町。町内の全部又は一部に避難指示区域を有しているため、消防団活動ができない地域がある市町村）を除く、661市町村のマニュアル策定が完了

87

作るんだ、**消防団員の命を守ることを最優先**する、消防団員が自らの命を守ることにより、より多くの命が救われる、こういうマニュアルを作ってください。というお願いをしました。水害時も同じです。そして、訓練をしてください、住民の方にもその考えを、マニュアルを事前に、しっかりわかってもらってください。「あなた方が逃げなくても消防職員・消防団員は逃げるんですよ」、そういう啓発をしてください。

　ただ、本当にそういう場面になったとき、私は、実は自信がありません。あそこの２階にうちの子供がまだいるんだ、助けてくれと言われたときに、消防職員・消防団員は背中に消防を背負っています。半被を背負っています。その人たちが子供たちを見捨てて逃げることができるのかわかりません。**究極の選択**になるかと思います。

　だけれども、津波が来るときには消防も逃げるんですよ、あなたたち、住民の皆さんを置いて逃げるんですよとマニュアルにも書いて、訓練もしてください、というお願いをしています。

　平成31年４月現在、福島県の避難指示区域を有する沿岸３町（富岡町、大熊町、双葉町）を除いて、全国の津波の可能性のある消防団でこういったマニュアルを作っていただきました。東日本大震災のとき、消防職員、消防団員の方が避難誘導などで亡くなられた事実を我々はきちんと見つめ、そういう事態を２度と起こさせないようにするのが我々の務めだと思います。

　私は、平成８年から13年にかけて福島県庁に勤めており、企画調整部長をしておりました。そのとき、富岡町から研修生として県庁に来ていた職員の方と、１年間一緒に仕事をしていましたが、その方から大震災のあった年の６月に電話がありました。「課長[24]、生きてたよー」と言ってきて、「どうしたのー」と聞くと、彼は富岡町総務課のまさに、防災担当だったそうです。役場の車で大津波警報の住民への周知をして

（24）　東日本大震災時、消防庁消防・救急課長の職にいました。

いたそうです。「**津波が来るから逃げてくれ、逃げてくれ、逃げてくれ！**」と言ってもなかなか逃げてくれない、もうこれで終わりにしようとある町営住宅のそばを通るとおばあちゃん、お母さん、お孫さんの3人が出てきて、お孫さんといっても20歳くらいの男性だったそうですが、車に乗せてさあ逃げようと思ったら、気がついたら海の上だった、多分津波の上だったのでしょう、次に気がついたら水の中、水圧でドアは開かない、どうすればいいのかと後ろをみると後部ドアがスライド式でたまたま開いていた、さあ逃げようと隣を見ると、隣でお母さんがシートベルト外そうとしている、そのシートベルトを外そうと手伝おうとしているうちに車がぐるぐる回り、気がついたら草むらの上に放り出されていた。放り出されて倒れていたところ、消防団員に発見され、富岡町の役場に連れて帰られたそうです。その後富岡町は全町避難ということで郡山へ、その町民の方々の避難誘導の活動を総務課防災担当職員として果たしたと思ったら、両足が破傷風になって最近まで（電話したときまで）入院していたそうです。これは東日本大震災で津波が来たときに沿岸部の市町村職員、消防職員、消防団員が活動していた一つの例だと思います。大切な例です。

　198人の消防団員、27人の消防職員が亡くなりました。他の地域の消防職員、消防団員にも同じようなことが起こっていたのだと思います。町民の方に逃げるときには逃げてくれ、これは**津波だけでなく水害も同**じです。消防職員、消防団員も逃げるのだから逃げてくれ。よくこんな風に言う方がいますよね。「うちは先祖代々ずっと水害には遭っていない」、「俺なんかどうなってもいいから逃げない」、私の出身は島根ですが、「うちには、この地域には、出雲の神様がついいいてくれるから大丈夫」。そんなことないですよね。逃げるときは逃げる、これを共通理解としたいものです。

　神様はずっとこの地域にいてもらっていて結構です。でも、だからといって災害への備えをしない、逃げないというのは大きな誤りです。

　あなたが逃げないことにより、３つの**危険**がその地域に発生しています。

　一つは「あなたが避難して公民館に来てくれれば安否確認しなくてすむでしょう、あなたがそこに残っていれば誰かが**安否確認に行かなければならない**」、二つ目は「あなたがもし大変な目に合うことになれば誰かが手間をかけて、**命を懸けて救助に行かなければならない**」、三つ目は「あなたが逃げてくれればどこかで**他の命を救う**ことができる」。そうなんです。逃げないというのは自分だけの問題ではないのです。自分だけの勝手じゃない、みんなのためなんです。そこを見落としている。そこをわかってもらわないといけない。こういうことを地域の住民の皆さんにもぜひわかってもらいたいと思います。

　そのためにも住民の方々と一緒になった訓練が大事です。津波災害や水害について、住民の訓練をやってください。マニュアルを作って、住民の方にもわかってもらって、いざというとき逃げなくてはダメなんですよ、逃げないとこんなことが起きるんですよ、我々も逃げますからということを繰り返し啓発する必要があるのではと思います。

⑵　近年の大雨災害への対応
　近年、大雨や台風被害は日本全国、どこでも発生します。

　図40は、近年の大雨の発生数について最近の増加傾向を示したものです。この図からもわかるように、ここ30年の変化として、１時間に50mmの雨が降った回数が概数で年間200回から300回に、３時間に100mm降った回数が年間100回から200回に急激に増えています。大雨が日常化してきています。

　2017年（平成29年）７月５日は九州北部豪雨でした。24時間で545ミリという大雨が降り、甚大な被害を及ぼしました。**図41**はこの豪雨のときの緊急消防援助隊の活動を示しています。このときの水害で、あるいは平成27年の茨城県常総市の水害で問題となったのが「行方不明者」と

図40

大雨の発生数の増加傾向

- ■ ここ30年間の大雨の変化
  - ■ 1時間降水量　50mm以上　　　　年約200回 ➡ 約300回
  - ■ 3時間降水量　100mm以上　　　年約100回 ➡ 約200回

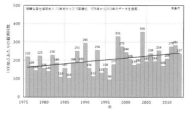
①1時間降水量50mm以上の年間観測回数

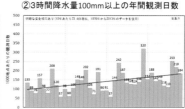
②3時間降水量100mm以上の年間観測日数

注1：統計期間は1976～2013年

注2：現時点で、この増加傾向の原因は、地球温暖化によるものかどうかも含め、明らかではない。年ごとの大きな変動に対して統計期間が短いことから、大雨の発生数の変化と地球温暖化のような長期的な気候問題との関連を論じるには、今後のデータの蓄積が必要不可欠

（気象庁資料）

図41

平成29年7月5日九州北部豪雨における消防機関の活動

（線状降水帯　島根西部⇒福岡・大分）

死者42名　行方不明2名　(H30.10現在)
全壊・半壊・床上浸水　　　　約4,000戸
緊急消防援助隊(ピーク時)　約1,000名

24時間で545mm

活動ミーティング（大分県）

福岡県杷木地区古賀での活動（広島県大隊）

佐賀県大隊による救出（福岡県）

大分県日田市での活動（佐賀県大隊）

福岡県杷木松末地区での活動（熊本県大隊）

大分県日田市の活動（愛知県大隊）

大分県日田市での活動（愛知県大隊）

いう言葉の概念です。大規模な水害時には、その初期において安否確認が難しいです。この数は市町村が認定し発表することとなっています。これまでは災害の初期を含め、安否確認できない人を行方不明者としてきた傾向がありました。ただ、災害の全体像がつかめない中で、いたずらに不安定な数字を発表するのは躊躇されます。

　常総市の水害では水害発生の初期に行方不明者15名と発表して、マスコミが大きな報道をしました。その発表後、次々に連絡が付き、最終的には行方不明者が、数人だったというようなことがありました。災害初期の行方不明者というのは程度の差があり、例えば、目の前で家が流されておばあちゃんが手を振って「助けて」と叫んでいたといった人も行方不明、県外から親戚が電話してきて「うちのおばあちゃんの家に電話がつながらない」という行方不明者もあります。

　常総市の水害を踏まえて、死者、行方不明者とは別に「**連絡がつかない人**」というジャンルを作ろうという議論がでてきました。平成30年の西日本豪雨において、マスコミの方がよく使われていた言葉は安否不明者でした。行方不明者という言葉は国民の皆様に与えるイメージが死者に近く、その意味で、連絡がつかない人、安否不明者という言葉で一定期間公表していく必要があるのではないかと思います。西日本豪雨の政府の発表資料には「その他連絡が取れない者」という発表の仕方がされていました。

　岩手県岩泉町も2016年（平成28年）の台風10号による大雨で大規模な被害がありました。その概要を**図42**に示しています。「大雨がやんだら役場周辺に大水が流れてきた」という水害でした。岩泉町は人口約９千人、面積が本州で一番大きい992㎢の町です。この町役場が大混乱でした。小さい市町村ですとなかなか危機管理をやる人間が少ないということもあります。住民、マスコミ、中央省庁から役場に何度もどうなっているのかという問い合わせの電話かかってきて、それだけに忙殺されたそうです。問い合わせの電話を役場の危機管理担当の人が受けざるを得

図42

平成28年台風10号災害時の岩手県岩泉町の被害の概要

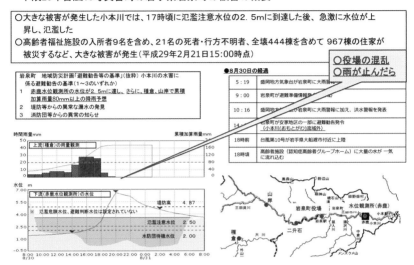

○大きな被害が発生した小本川では、17時頃に氾濫注意水位の2.5mに到達した後、急激に水位が上昇し、氾濫した

○高齢者福祉施設の入所者9名を含め、21名の死者・行方不明者、全壊444棟を含めて967棟の住家が被災するなど、大きな被害が発生（平成29年2月21日15:00時点）

ない状況で、逆に気象庁から提供のあった水害に関する大切な情報がうまく町長さんにまで伝わらなかったという例があったそうです。市町村の災害対策本部の中での対応として、例えば、ホワイトボードを使って被害情報など共有する、情報はそこに書き込みしだれでも見れるようにする、ホワイトボードを見て電話対応をお願いするなどして、危機管理担当以外の人が応対できるような環境を作る、危機管理担当の人はできるだけフリーにしておく必要があります。ここにも**事前の準備と繰り返しの訓練**が欠かせません。

（コラム⑦　消防の広域化）

(1)　消防体制の歴史

　そもそも現在の消防体制はどういう形ででき上がってきているのでしょう。

　江戸時代において徳川幕府による治世が続きましたが、その当時は、大名火消と定火消による武家を守る「武家火消」と一般の町屋を守る「町火消」が組織され、江戸の守りに当たっていました。この「町火消」、特に「いろは四八組」が今日の消防団の前身であると言われています。

　明治維新に伴い、大名火消や定火消は廃止になりましたが、町火消は東京府に移され、明治3年（1870年）に「消防組」に改組されました。その後、明治14年（1881年）に警察及び消防の事務は東京警視庁に移され、これが明治時代の消防の基礎となりました。ただ当時は公設の消防は全国的には少なく、ほとんどが自治組織としての私設消防組であり、実態が伴っていなかったようです。

　大正時代になり、東京と大阪のみであった常設の消防が大正8年（1919年）勅令「特設 消防署規程」により、京都市、神戸市、名古屋市、横浜市にも公設消防署が設置されました。

　昭和に入ると、消防の従来の任務に加え、「防空」という任務が消防の任務に加えられることとなりました。具体的には、昭和14年（1939年）勅令「警防団令」により、軍部の指導により結成されていた民間防空団体としての防護団と消防組が統一され、新たに「警防団」が組織されました。この警防団が従来の消防の仕事と戦時下における防空の任に当たることになりました。

　戦後においても、消防は警察行政の一つとされてきましたが、米国調査団の報告により、消防と警察の分離が勧告され、最終的には、昭和23年（1948年）に施行された消防組織法により消防が警察

から分離するとともに、消防の事務は市町村の責務と位置づけられました。はじめて市町村消防の原則が定められました。

　消防組織法においては、市町村の消防の責任、市町村長による消防の管理、消防に要する費用の市町村の負担を定めたほか、第9条において、市町村は、その消防事務を処理するため、消防本部、消防署、消防団という機関の全部又は一部を設けなければならないとされました。

　ただ、この法律が制定された後も、いわゆる常備消防体制（消防本部、消防署）の整備はなかなか進みませんでした。

　これは歴史的に消防組、警防団の流れを受け継いだ非常備消防体制（消防団）が例えば昭和30年（1955年）には194万人と一定程度充実していたこと、常備消防設置には多額の財政負担が必要となることなどによるものだったようです。

　昭和20年代後半から昭和30年代に入り、市街地大火の続発（鳥取市大火（昭和27年）、新潟市大火（昭和30年）等）等が大きな課題となり、消防本部及び消防署の設置により、予防行政の推進と消防力の充実強化を図るため常備消防を強化することが政府の重要な方針となりました。このため、政府は消防の常備化を推進するため、昭和38年に消防組織法を改正し、常備消防を設けなければならない市町村を政令指定する制度を設け、さらに昭和46年には、この全面改正が行われ、広域市町村圏事業の一環として2以上の市町村が消防の一部事務組合を設置する場合には優先的に消防常備化の政令指定対象とすることとされました。

　さらには救急業務についても消防の業務とされ、救急業務を実施しなければならない市町村を政令指定する制度が昭和38年に創設されました。

　この結果、**図**にあるように、消防の常備化率が昭和35年に13.2％だったものが、昭和45年30.6％、昭和50年77.7％と大幅に常備化が

進展しました。昭和45年に58本部であった組合消防が昭和50年には378本部と組合化という手段で広域化が大きく促進されたところです。

　平成31年４月現在の常備化率は98.3％となっており、ほぼ全ての市町村において常備化されてきています。

図　消防本部数と常備化率（消防白書）

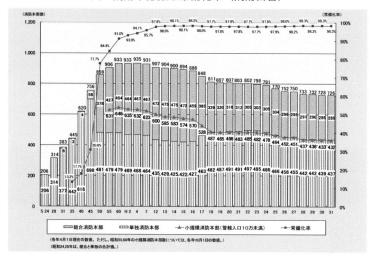

(2) 消防の広域化

　このような形で、昭和30年代から平成の時代にかけ、常備化が大きな政策課題であり、その政策課題は「消防常備化の政令指定」や「救急業務を消防機関の業務としての位置づけ」等により、大きな進展を遂げました。

　一方、その結果として組合消防（あるいは事務の委託）という一定の広域化は進んだものの、現実としては、管轄人口10万人未満の小規模消防本部（職員が100人前後以下）が全体の７割弱を占め、複雑・多様化する災害に対処する消防力が備わってきたとは必ずしもいえない状況でした。

　平成７年では、全931本部のうち管轄人口10万人未満の消防本部

が623本部（全本部数に占める割合66.9%）でした。

消防庁では、消防本部、とりわけ管轄人口10万人未満の小規模消防本部の消防力の強化を目指し、消防の広域化を推進することとしました。

具体的には、平成6年9月に「消防広域化基本計画について（通知）」を発出し、小規模な消防本部では、出動体制、保有する消防用車両、専門要員の確保等に限界があることや、組織管理や財政運営面での厳しさがあることなどから消防の広域化を推進することとし、都道府県に消防広域化基本計画の策定を要請しました。

その後、広域化が十分に進んだとはいえない状況にあり（平成18年では全811本部のうち管轄人口10万人未満の消防本部487本部（全本部数に占める割合60.0%））、広域化を一層推進するため、平成18年6月には消防組織法の一部を改正し、「市町村の消防の広域化」が初めて法律に位置付けられました。

この改正法では、消防団事務を除く全ての事務を一部事務組合や事務委託などによって広域的な消防組織を作り、推進しようとするものでした。そのため、①消防の広域化の理念及び定義、②広域化後の消防の円滑な運営を確保するための基本的な指針、③推進計画及び都道府県知事の関与等、④広域消防運営計画、⑤国の援助等が法律に規定されました。

この法律に基づく基本指針が消防庁で定められ、平成25年3月までに人口30万人規模の消防本部を作ることを目標とし、改正法に基づく都道府県の役割として各都道府県ごとの広域化推進計画を定めるよう努めるものとされたところです。消防庁でも全国行脚を行って啓発に努めたほか、各都道府県でも大変、苦労されながら、この推進計画が作成されました。各推進計画に基づき全国の各地域におきて、広域化の取組みが一定程度、進められたところです。

一方、地形的な理由によりメリットが見いだせない、かえって消

防力が低下するのではないか、具体的な所署の配置等による地域の意見不一致などにより、思うように広域化が進まなかったのも事実です。

　トータルすると法改正以降、平成31年４月現在、消防本部の数は811本部から726本部と85減少するとともに、54の地域で広域化が実現しました。管轄人口10万人未満の小規模消防本部は487本部から55本部減少して432本部となっています。

　また、平成25年４月及び平成30年４月に基本指針が改正され、消防広域化重点地域の枠組みや連携・協力の仕組みが創設されました。併せて、広域化は管轄人口30万人以上の規模を目指すとされていたものが、地域の事情により、この規模目標には必ずしもとらわれないという考え方も打ち出されました。

　この間、奈良県では県の強いリーダーシップにより、平成26年４月に11消防本部（37市町村）が広域化し、面積的にはほぼ全県一区の奈良県広域消防組合が発足しました。当初の基本指針に基づく各都道府県の推進計画では、全国の13の都道府県がこの全県一区の案も計画に盛り込んでいましたが、残念ながら、現時点ではその他の地域では可能性は小さくなっているようです。

　平成30年４月に改正された広域化の基本指針で示す連携・協力の考え方には、望ましい連携・協力のあり方として、高機能消防指令センターの共同運用が例示されています。当然のことながら、「一般論として規模が大きいほど望ましいことから、この共同運用を検討するに当たっては、標準的な規模の都道府県であれば、原則、全県一区とする必要があること」も明示されています。

　今後の人口減少、超高齢化社会の到来を踏まえると、消防だけでなく現在の地方自治の組織の在り方について、再度、検討すべき時期が近づいてきており、消防についても、高機能消防指令センターの共同運用の議論に止まらず、例えば都道府県消防を目指すなど、

新たな方向性が求められていると思います。

（逐条解説消防組織法、逐条解説災害対策基本法、市町村の消防の広域化に関する答申（平成18年消防審議会）、国・地方の適切な役割分担による消防防災・救急体制の充実方策に関する答申（平成14年消防審議会）、消防白書、消防庁及び公益財団法人日本消防協会ホームページ参照）

V　市町村や企業の危機管理体制構築に何が必要か

1　災害応急対策の基本的な考え方

　図43、図44が災害の初期における市町村が行うべき災害応急対策の概要版です。総務省消防庁がまとめたものです。

　平時からしっかりした備えをした上でなければ、災害時の応急対策はできないものと考えてください。災害対策に出たとこ勝負は通用しません。

　特に、市町村長の皆様がリーダーシップを発揮しない限り、庁舎の耐震化や防災情報システム、非常用電源等の整備が図られることはあり得ません。併せて防災訓練も市町村長さんが積極的にプレーヤーとして参加した上で、シナリオ型でなく**ブラインド型**[(25)]の訓練を実施することを強くお勧めします。

　次の**図45**が水害対策、地震対策のために最低限、都道府県、市町村で取り組むべきことを示しています。市町村では、危機管理監の設置は必須だと思います。副市長兼危機管理監でも構いません。何かあった時にこの人が災害の初期に全責任を持つのだという人を決めておくことが必須です。

　さらに、**BCP**[(26)]の策定や災害対策を施した**非常用電源**の整備は急務

---

(25)　ブラインド型訓練：実施者（プレーヤー）に事前に訓練の進行やシナリオを教えず、その場で災害の状況を付与する実践的な訓練。訓練を統裁し、状況を付与し仮想外部者を演じるコントローラーと、付与された情報をもとに本番と同様にプレーするプレーヤーに分かれて行う訓練。両者とも事前にマニュアル等をしっかり把握し身に付けてから行うことが前提となる。

(26)　BCP（Business Continuity Plan）：自然災害、大火災、テロ攻撃などの緊急事態に発生した場合、市町村・企業の業務の継続あるいは早期復旧を可能とするために、平常時に行うべき活動や緊急時における事業継続のための方法、手段などを取り決めておく計画（中小企業庁ホームページ）

図43

市町村が行うべき災害応急対策①

市町村長は災害対策基本法に基づき、災害時の災害応急対策を迅速かつ的確に行う責務がある。
市町村長は全庁的な災害対応体制を確立し、災害のフェーズに応じた的確な判断・指示を行う必要がある。

災害応急対策とは、
・体制の確立
・情報の収集
・警戒・避難
・救助・救急、消火活動
・医療活動

・インフラ、ライフライン
・避難所運営
・物資供給
・被災者生活再建支援
・災害廃棄物処理
　　　　　　　等を指す。

そのため、市町村長は
**自らが参加した全庁的な防災訓練の実施、
庁舎の耐震化、防災情報システムの整備**などを行い、
災害時に備え万全を期す必要がある。

	災害時の対応	平時からの備え
体制	■ **災害対策本部の設置・運営** ・ 災害対策本部を設置し、平時とは異なる災害応急対策を遂行する体制を確立する。 ・ 住民に向けて正確に情報を発信する。	■ **災害対応体制の整備** ・ 災害事象ごとに災害対策本部の設置基準を設定する。 ・ 災害対策本部における業務内容・分担を明確にしておく。
警戒	■ **避難勧告等の発令** ・ 気象情報・河川情報等を基に、適時的確に避難勧告等を発令する。 ・ 住民に確実に避難勧告等を伝達する。	■ **避難勧告等の発令体制の整備** ・ 災害種別ごとに具体的でわかりやすい避難勧告等の発令基準をあらかじめ策定する。 ・ 複数の情報伝達手段を確保し、災害時に確実に使用できるようにする。 ・ 住民に対し、災害リスク、災害時にとるべき行動を説明し、理解促進を図る。

図44

市町村が行うべき災害応急対策②

	災害時の対応	平時からの備え
発災	■ **情報の収集・分析** ・ 情報の収集・分析を的確に行い、情報空白地域の有無を含め、被害状況を迅速に把握する。 ■ **救助・救急活動** ・ 被害情報を基に、人命を最優先に救助・救急活動にあたる。 ・ 被害を過小評価することなく、緊急消防援助隊、自衛隊等の応援要請を迅速に実施する。	■ **防災情報システムの整備** ・ カメラ、ヘリテレ、119番入電状況等の情報を収集・分析するため、防災情報システムを整備する。 ■ **受援体制の整備** ・ 救助活動等を行う警察・消防・自衛隊等の活動拠点等を確保するなど、受援体制を整備しておく。
被災者支援	■ **避難所の運営、生活環境の整備** ・ 避難所を速やかに開設し、住民の安全性を確保する。 ・ 迅速に食糧などの必要な物資を確保し、生活環境を整備する。 ■ **住まい確保** ・ 災害救助法、被災者生活再建支援法等の適用により、仮設住宅等を提供する。 ・ 必要な支援を確保するため、被害認定調査、罹災証明書等の交付を迅速に行う。	■ **避難所の指定・確保** ・ 安全な避難所を指定し、周知を図る。 ・ 避難者数の想定に応じて、物資の備蓄をするとともに、追加調達ができるよう相互応援協定の締結を進める。 ■ **応援職員の受入体制の整備** ・ 膨大な事務量に対応できるよう他市町村等からの応援職員受入れのための受援体制を整備しておく。

図45

○水害対策のために最低限、県・市町村で取り組むべきこと
> 危機管理監の設置のほか、
・ 避難勧告等の発令基準の作成
・ 全庁的な災害対応体制への切り替え手順・意思形成をマニュアル化
・ 災害種別に応じた指定緊急避難場所の指定
・ 情報伝達手段の水害対策
・ 避難勧告等の文言をマニュアルで事前に明文化
　　　　　（地域の防災体制の再点検（平成28年消防庁

> BCP策定率
> 大企業64.0%
> 中堅企業31.8％
> (H30防災白書)

○地震対策のために最低限、県・市町村で取り組むべきこ
・ BCP（業務継続計画）の策定〜一部事務組合では。民間企業では。
・ 防災拠点となる公共施設等の耐震化〜全国93.1％（平成29年度末）
・ *災害対策本部設置予定庁舎の非常用電源を*

　　　　　　　　　　　　　　設置していない市町村　:1割

設置済み団体においても
　　屋上・高層階に、←浸水対策をしていない市町村（おそれのある団体中）:3割
　　転倒防止装置、アンカーボルト←地震対策をしていない市町村　:2割
　　GSは営業しない←72時間の燃料の備蓄のない市町村　:6割

 最後は、訓練とマニュアルの見直し、
　　　　　　　　　　その繰り返し

です。特に非常用電源については、災害が発生した場合の災害対策本部
設置予定庁舎に設置していない市町村が1割、浸水対策として非常用電
源を屋上・高層階に設置していない市町村が3割、地震対策としての転
倒防止装置・アンカーボルトをしていない市町村が2割、72時間の燃料
備蓄のない市町村が6割に上っています。これでは、いざというときに
役場で災害対応ができません。

　リーダーのリーダーシップのもとでないと、災害対策、危機管理は進
みません。強いリーダーシップの発揮をお願いします。

　さらに地震対策、BCPの策定の推進については都道府県、市町村に
もお願いしていますが、是非、民間の皆様の会社でも考えてほしいなと
思います。

　BCPの策定率は、大企業で64.0％、中堅企業で31.8％です。中小企
業[27]はまだまだと思います。従業員10人、20人の会社では俺（社長）

がいるから大丈夫と社長さんは思われているでしょう。でも、社長さんはずっと会社にいるわけでなく、例えば、九州に、海外に出張していることもあるわけです。そうすると、いないときに何かあったら誰がどうするか、決まっていますか。最低限会社の中で従業員との、重要なお客さんとの連絡のつけ方はどうするのか、安否確認はどうするのか、会社内で、あるいはお客さんとの関係で最初にやることは何だろうか、そういうBCPの基本的なところだけでも、年に１回考えるだけでも、会社の災害対応力が随分違ってくると思います。

　都道府県や市町村のBCPの策定率を示したものが、**図46**に、また、非常用電源の確保について基本的な取り組み方針や設置状況を示したものが、**図47**になります。これを見ると市町村のBCP策定率は未だ８割です。更なる推進が求められます。

２　危機管理の３つの極意！

　「**災害は忘れたころにやってくる。**」、昔から言い伝えられている言葉です。市町村長さんの任期は４年、その任期４年の中に災害や例えば不祥事など、市町村長さん自らが臨まなければならない危機管理事案に出会うことは確率的にそうないと思います。多くの市町村長さん達は、いわゆる危機管理を体験することなく、その４年を終えられることでしょう。

　だからこそ、地域の住民から最もその対応が求められる災害など危機管理事案に遭遇したとき、何の準備もしていないのであれば、とまど

---

(27)　**大企業（大雑把な定義）**：売上（収入）金額が１千億円以上又は常用雇用者数が１千人以上の企業等
　　　中堅企業：年間売上高が１千億円未満又は常用雇用者数が１千人未満の企業等
　　　中小企業：常用雇用者300人以下（特定の製造業は900人以下）の企業（経済産業省）

図46

業務継続計画策定状況（平成30年6月現在）

業務継続性の確保の必要性＜防災基本計画（抄）＞

地方公共団体等の防災関係機関は、災害発生時の応急対策等の実施や優先度の高い通常業務の継続のため、災害時に必要となる人員や資機材等を必要な場所に的確に投入するための事前の準備体制と事後の対応力の強化を図る必要があることから、業務継続計画の策定等により、業務継続性の確保を図るものとする。

業務継続計画： 優先的に実施すべき業務を特定し、業務の執行体制や対応手順、継続に必要な資源の確保等をあらかじめ定める計画。

市町村の策定を支援

小規模な市町村においても容易に重要なポイントを整理できるよう、平成27年5月に「市町村のための業務継続計画作成ガイド」（内閣府防災担当）を策定し、研修会等を通じて市町村を支援。

業務継続計画策定状況の推移

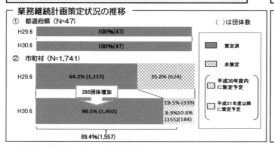

① 都道府県（N=47）
H29.6　100%（47）
H30.6　100%（47）

（　）は団体数

② 市町村（N=1,741）
H29.6　64.2%（1,117）　35.8%（624）
285団体増加
H30.6　80.5%（1,402）　19.5%（339）／8.9%（155）／10.6%（184）
89.4%（1,557）

策定済　　未策定
平成30年度内に策定予定
平成31年度以降に策定予定

・都道府県では、H28.4時点で全ての団体で策定が完了済み。

・市町村では、策定済団体が前回調査（平成29年6月時点）から、285団体増加（80.5%）。（1,402団体、前年比＋16.3%）

・未策定の市町村においても、平成30年度内に154団体で策定を予定。策定団体は約9割に達する見込み。（1,557団体、前年比＋25.2%）

地方公共団体に対し、以下を周知

業務継続計画を策定していない市町村は、市町村のための業務継続計画作成ガイドを参考に、早期に業務継続計画を策定すること。
業務継続計画を策定している団体は、職員の教育や訓練等により実効性を高めるとともに、内容の充実を図ること。

図47

非常用発電の確保

「防災基本計画」等において、業務継続性の観点から電気の確保をする必要

○「防災基本計画」（抜粋）（令和元年5月中央防災会議）
第2編　第1章　第6節　2　(7) 公的機関等の業務継続性の確保
地方公共団体は、災害時に災害応急対策活動や復旧・復興活動の主体として重要な役割を担うこととなることから、業務継続計画の策定等に当たっては、…電気・水・食料等の確保…について定めておくものとする。
○「大規模災害発生時における地方公共団体の業務継続の手引き」（抜粋）（平成28年2月内閣府（防災担当））
1章　はじめに［業務継続計画に特に重要な6要素］
　(3) 電気、水、食料等の確保
　庁舎等に備え、非常用発電設備とその燃料を確保する。

「非常用電源とその燃料」を確保することが重要。

（参考）
庁舎の停電が発生したため、災害対策に支障が生じた事例
・H27.9　関東・東北豪雨
・H28.8　台風第10号災害

調査結果を踏まえた今後の取組

○	非常用電源の設置	災害対策本部が設置される庁舎においては、災害発生時等に備え、非常用電源の設置及びその燃料の整備を早急に図ること。
○	非常用電源の浸水対策	浸水想定区域内に災害対策本部を設置する団体では、浸水想定深より上部に設置するなど浸水に備えた対策が必要。
○	非常用電源の地震対策	非常用電源を設置済み団体においても、転倒防止の措置を講じるなど揺れに備えた対策が必要。
○	稼働時間の確保	非常用電源については、72時間は稼働できるよう燃料等を備蓄しておくことが望ましい。

緊急防災・減災事業債を活用して、非常用電源の設置及び災害への対策を促進

※緊急防災・減災事業債
(1)地方債の充当率：100%
(2)交付税措置率：
　元利償還金について、その70%を基準財政需要額に算入

非常用電源の設置状況（平成30年6月現在）

○都道府県では全ての団体で設置済（前回と同様）
○市町村では1,597団体（91.7%）が設置（前回比＋18団体、＋1.0ポイント）

○洪水・高潮・津波災害いずれかの浸水想定区域内に災害対策本部を設置する市町村707団体のうち、非常用電源未設置の団体は71団体（10.0%）

→浸水が想定されることから、特に早急に非常用電源を設置すべき

い、あせり、パニックになり（まさにテンパり）、失敗を繰り返すこととなります。これがこれまでの多くの市町村現場の歴史でした。

とはいえ、忙しい市町村長さんが危機管理の仕事ばかりもしておられません。**図48**を見てください。簡単な極意は次の３つです。これは会社の社長さんの極意でもあります。

この３つの**極意を役場で宣言**してみてください。

①私は、いの一番に役所に登庁します！

②必ず訓練に参加します！

③危機管理を頑張った人は出世します！

この３つを宣言し、実践できれば、市町村（会社）という組織の危機管理能力が飛躍的に向上することは間違いありません。さあ、今日から実践してみませんか。

この３つの極意の意図するところですが、市町村の危機管理能力を高

図48

市町村長さん向け　危機管理の3つの極意
（社長さん向け）

- 次の3つを実践すれば、市町村（会社）の危機管理能力は格段に向上

① 「*私は、いの一番に役所に登庁します!*」宣言

② 「*必ず訓練に参加します!*」宣言
　　　訓練はトップ自ら積極的に参加

③ 「*危機管理を頑張った人は出世します!*」宣言
　　　人事で、危機管理部署の人間を優遇

めるためには、市町村長さん自らの能力を高めなければなりませんが、それ以上に、市町村という組織の能力を高めること、そして、いざ災害時にその組織の力を最大限発揮できることが重要です。

　一つ目の「**いの一番に役所に！**」ですが、小さい災害だと思われてもとにかく災害時には、いの一番に市町村長自らが役所に駆け付けることが重要です。

　「「私はいの一番に役所に！」馳せ参じます。」

　と、明日にでも職員の方々に宣言してみてください。さあ、職員の方々はパニックになると思います。職員の方々の思考回路を想像してみましょう。

- ・町長が「いの一番」にくる。ん〜、まず災害を誰が把握するのか？
- ・どういう災害をその対象にするのか？
- ・町長への連絡網は今までのままで大丈夫か？
- ・町長が「いの一番」という訳にも行かないだろう。最低限でもこれだけの人員は町長より前に集まろう。
- ・町長が遠くに出張した場合の連絡手段、帰ってくる交通手段はどうする。基本パターンを作った上で、その度ごとに考える必要がある。
- ・当直態勢は今のままでいいのか？役所の近くに誰か住む必要はないのか？

等々、市町村としての災害への初期対応の検討・検証が一斉に動き出すと思います。他の危機管理事案でも同様です。

　二つ目の「**訓練はトップ自ら参加！**」ですが、小さい訓練でも市町村長さん自らがとにかく参加するように心がけてください。

　「いの一番に役所に！」と同じように、市町村長が参加されるとなると、事務方の準備の濃さが格段と違うはずです。さらに余裕があれば、訓練の準備段階から加わってください。もっと重要なのは、その訓練の反省会です。訓練の気付きを市町村長さんも共有し、マニュアルの改訂

や次の訓練に活かしてください。

　「はい、しゃん、しゃん。何もなくて良かった。」の訓練が一番無意味です。訓練は失敗するためにあるものです。失敗し新たな視点・気付きを得るために行うものです。何も準備してこない、マニュアルも作っていない、読んでいない幹部は論外ですが、一生懸命やった上での失敗は本番への糧としてしっかり受け止め、次に活かすことが重要です。失敗をほめましょう！

　そして、もう一つの意味として、市町村長さんが訓練に加わることが、市町村の仕事の中での「訓練」という仕事の重み付けを変えることになります。組織を動かすということは、優先すべき仕事の順位を市町村長さんが示すことです。

　三つ目の**「人事で危機管理の人間を優遇！」**ですが、災害等の危機管理の仕事を自分の仕事としてしっかり果たすことができる、そういう職員でなければ市町村の中で幹部になれない、そういう組織風土にしていくことが重要です。

　これまで、市町村の中ではややもすると、財政畑の職員、企画畑の職員、総務・秘書畑の職員が、人事上、優遇されることが多かったかと思います。それなりの優秀な職員を配置しているということもあるとは思いますが、これからは危機管理の仕事を知らないものは幹部になれない、そういう風土をつくることが重要です。これも組織運営の基本と思います。

　現在の危機管理担当者の気持ちは、「束縛が多くていやだ。早く危機管理の仕事から変わりたい。」、「自分が危機管理の仕事についているときに何も起きないで欲しい。」、その気持ちはすごくわかります。しかし、その風土を市町村長さんのリーダーシップで変えてください。

　この３つの極意を実践できれば、皆様の市町村（会社）の危機管理体制は、また、その意識は格段に向上することと思います。

　さらに参考となるのが、過去に災害に会った市町村長さんの体験談で

す。

　被災地からおくるメッセージ「災害にトップがなすべきこと」（内閣府ホームページ）として、平成29年４月に、実際に災害に会った15の市町村長さんが、それぞれの災害から学んだことを体系的にまとめています。「Ⅰ　平時の備え」、「Ⅱ　直面する危機への対応」、「Ⅲ　救援・復旧・復興への対応」について、リアルに24ヶ条の気付きをまとめています。

　是非、熟読していただきまして、また、手元において災害対応に活かしていただければと思います。その抜粋を**図49**に示します。

図49

災害時にトップがなすべきこと（抜粋）

・トップは、その覚悟を持ち、自らを磨かなければならない。

・平時の訓練と備えがなければ、危機への対処はほとんど失敗する。心のどこかで、自分のまちには災いは来ないと思い込んでいる。

・日頃から住民と対話し、危機に際して行う意思決定について、あらかじめ伝え、理解を得ておくこと。例えば、避難勧告、避難指示（緊急）は、真夜中であっても、たとえ空振りになっても、人命第一の観点から躊躇なく行うということ、大地震の初動時は、消防は全組織力をあげて救出より消火活動を行うということ。

・行政にも限界があることを日頃から率直に住民に伝え、自らの命は自らの判断で自ら守る覚悟を求めておくこと。

・災害でトップが命を失うこともありうる。必ず代行順位を決めておくこと。

・判断の遅れは命取りになる。特に、初動の遅れは決定的である。何よりもまず、トップとして判断を早くすること。

・「命を守る」ということを最優先し、避難勧告等を躊躇してはならない。

・住民を救うために必要なことは、迷わず、果敢に実行すべきである。「お金のことは心配するな。市長が何とかする」、「やるべきことはすべてやれ。責任は自分がとる」と見えを切ることも必要。

出典：災害時にトップがなすべきこと協働策定会議(H29.4.10)

VI 最後に

1 家族を救うためには

　私自身、10数年、国の危機管理に携わってきて感じていることについて、最後にお話ししたいと思います。

　一つは、地震、水害から家族を救うために何を考えなければならないか、何をしなければならないかです。**図50**は家庭での基本的な災害対策としてしなければならないことについて整理しています。これは内閣府のホームページを参照していますが、、当然のことですが、自宅の耐震化・耐震化改修は必須です。特に宮城県沖の地震があって建築基準法が見直された以前の、昭和56年以前の建物については耐震の程度が低いこ

図50

（内閣府防災HP参照）

地震、水害から家族を救うために

- ・建物の耐震化：耐震診断、耐震改修（特にS56以前の建物）
- ・家具や家電製品の固定（特に寝室）　→突っ張り棒・固定器具
- ・食料・水（3L/D）は3日分、常備薬、非常持出リュックの準備（ラジオ、懐中電灯、笛等）
- ・地震・洪水等のハザードマップ、避難場所の確認
- ・171災害用伝言ダイヤル等家族との連絡方法の確認

想像力

災害への備えは想像力が重要。地震、洪水が来たらどうしよう。車を運転していたら、寝ていたら、避難所へ避難するとしたら何が必要、職場にいたら、家族は、学校は、（家族との話し合いが必要。）
食器棚や家具、冷蔵庫、テレビの固定は大丈夫？
寝ているところや子供部屋は何か落ちてこないか？

111

とから、何らかの改修が必要です。

　そして、**家具、家電製品の固定**、特に寝室です。寝室等のタンスやテレビは突っ張り棒や固定器具で固定されていますか。

　災害対策は、自宅の災害対策もそうですが、**想像力が大事**です。

　皆さんのお子さん、お孫さんはどういう寝室に寝ていますか。寝ている横に、タンスやタンスの上にガラスケースの人形ケースはありませんか、それがもし地震があればお子さんや、お孫さんの上に倒れてくるんです、落ちてくるんです、という想像力を持つことがすごく重要です。家の中を見てください。ご自分もそうですが、お孫さん、お子さんが暮らしている周りを見て、想像力を働かしてみてください。阪神・淡路大震災では、家の中のテレビが家の中を人に向かって飛んできています。テレビは見るのでなく、飛ぶんです。そのテレビの下に強力粘着テープをつけておけば、あるいはワイヤーでテレビの台に縛り付けておけば相当程度飛ばなくなります。**テレビから飛ぶ機能を是非、奪っておいてください。**

　タンスは、寝室に置かないのが一番良い方法です。次に突っ張り棒で固定する、さらに、壁に器具で固定するのが二番目にすべきことです。特に寝室に、うちは狭いんだから、タンスを置く場所がないのだから、とうのは仕方ないのですが、それが倒れてくるんだという想像力を持てば、そこにちょっとした工夫をするのは、皆さん自身で出来るはずです。

　想像力は重要です。災害が起きたときに寝ていたらどうする、お子さんが学校に行っている、職場で働いているときであれば、連絡をどうやってつけるのか、避難所はどこか、水害が出たらどこに避難すれば良いのか。年に１回でも２回でも皆さん自身で考えることで、家庭の減災力の向上になると思います。大きな地震が来れば、そんなときに誰も皆さんのところに救助に来ないんです。先にも言いましたが、公的機関は大規模災害時の個別の救助は無理ですという前提で家の中を見ること、それが地震、水害から家族を救うことになります。

私は、島根県の出身ですが、出雲大社があります。出雲市はほとんど災害がないそうです。ここには大社さんがついているから大丈夫だ、何もしなくていいともし考えるのであれば、これが一番ダメです。災害は起きるという前提で考えるべきです。

2　地域を救うためには

　そして、家だけでなく、地域の防災力強化のためには何をしなければならないでしょうか。図51を見てください。

　まずは**地域の防災力、公的機関の防災力を知ること**、そしてその地域の過去の災害に、ずっと昔の**過去の災害に学ぶ**ことです。大災害が起きたとき、地域、組織、すなわち地域の力、役場はどこまでできるかと考えると、結論は、できません、消防も駆けつけません、役場の人も来ませんということになります。だから地域の防災の輪を広げることが大事

図51

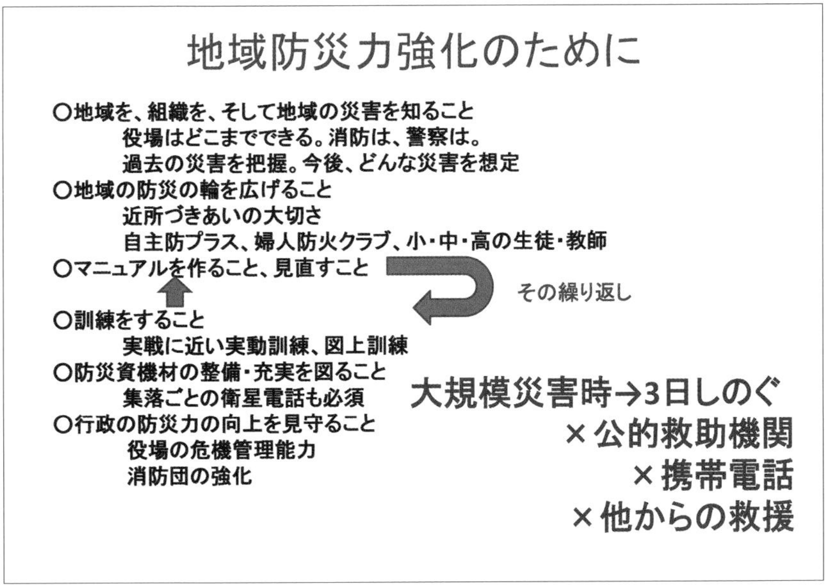

地域防災力強化のために

○地域を、組織を、そして地域の災害を知ること
　　　役場はどこまでできる。消防は、警察は。
　　　過去の災害を把握。今後、どんな災害を想定
○地域の防災の輪を広げること
　　　近所づきあいの大切さ
　　　自主防プラス、婦人防火クラブ、小・中・高の生徒・教師
○マニュアルを作ること、見直すこと　　　　　　その繰り返し
○訓練をすること
　　　実戦に近い実動訓練、図上訓練
○防災資機材の整備・充実を図ること
　　　集落ごとの衛星電話も必須　　　大規模災害時→3日しのぐ
○行政の防災力の向上を見守ること　　　　×公的救助機関
　　　役場の危機管理能力　　　　　　　　　×携帯電話
　　　消防団の強化　　　　　　　　×他からの救援

です。

　そして、地域で簡単な**防災マニュアル**を作ってみませんか、それに基づいて訓練をしてみませんか。できれば**実践的なブラインドの訓練**をしてみませんか。その繰り返しが地域の防災力の向上につながります。

　大きな災害のときは他地域からの援助も３日は来ないと考えていた方がいいです。携帯電話もつながらなくなります。地震はもとより、水害でもつながらなくなります。例えば2016年（平成28年）の台風10号の大雨による岩泉の水害でも土砂崩れ等により携帯電話の鉄塔がやられました。携帯各社の方々は、本当に必死で復旧に努められました。でも、物理的に時間はかかる。おおむね復旧するのに１週間以上かかったことと思います。そういう意味で人里離れた集落では衛星電話の整備も有効です。

　何度も言いましたが、家々の周りだけでもいいです、ここで起きたらどうする、簡単なマニュアルを作って年に一度でも訓練をして、見直しをしてみるという繰り返しが必要です。大きな災害のとき、３日間はしのがないといけない、３日間は誰も来ません。一つの地域の災害であれば大丈夫かもしれませんが、広域の災害の場合は助けはすぐには来ないと考えていただければと思います。

3　消防も過去から、そして今から学ぼう

　次の**図52**は、消防関係者向けにお願いすることです。

　東日本大震災だけでなく、消防職員、消防団員が災害時や訓練時にお亡くなりになる事故は非常に悲しむべきことです。残念ながら毎年のように、どこかで起きています。

　他山の石という言葉がありますが、必ず、他で起きたことの情報収集をして自らの消防本部・消防団の状況を確認し、必要に応じマニュアルを見直す、職員に情報を周知徹底する、改訂したマニュアルに基づき訓練をするなどの対応をすることが重要です。

　「私の本部ではここ10数年事故は起きてません。だから大丈夫です。」

図52

東日本大震災等の災害、訓練等の教訓を無にしないために！

- 警防マニュアル、訓練マニュアルは作りましたか？
  平成24年3月29日「訓練時における安全管理マニュアル」の送付
  平成25年3月31日「警防活動時等における安全管理マニュアル」の改正
  （平成28年3月31日これらの一部改正(土砂災害等を追加)を通知）
- ヘリの訓練マニュアルは？特に訓練時　　　　　*：岩手、大分、長野の事故*
  平成24年10月23日付け「防災航空隊または消防航空隊が実施する水難救助訓練等の安全管理の更なる徹底について」
- 津波災害時の消防職員・団の活動・安全管理マニュアルの策定は済んでいますか？
  　　　　　　　　　　　　　　　　　　：大震災時、多くの逃げ遅れ
- 消防職員委員会は適切に運営されていますか？
- パワハラ、セクハラに関するトップの方針は明確になっていますか？
- 熱中症対策　　　　　　　　　*：訓練時の事故、消防学校・埼玉等*
- 非常用電源は　～浸水しない場所、揺れない、最低72時間
- 庁舎の耐震化は？　消防庁舎のみでなく、市役所も
- 地域の防災体制の再点検は済みましたか?(平成28年岩泉町水害を受けて)

が、一番良くない。**他で起きたことは自分の本部でも起きる可能性があるということを肝に銘じてほしいと思います。**

　活動の基礎となる警防マニュアルや訓練マニュアルは各消防本部で当然作られていると思います。そういう見直しも必要です。消防庁は昭和50年代後半にそのマニュアルを作成し各本部に示していたところですが、ずっと見直しがされておらず、私が消防・救急課長のときにこれはまずいということで、大幅な見直しを行いました。見直しをしたものを消防庁のホームページにワードの形で掲載しています。消防本部の皆さんに使いやすいようです。これらを活用し、ぜひ各本部でも積極的に自らのマニュアルの見直しに取り組んでください。

　防災ヘリの事故も本当に多いです。長野県と群馬県のヘリコプター墜落事故（平成29年３月及び平成30年８月発生）については、検証委員会等で事故原因の分析等が進められているようです。一方、大分県と岩手

県の過去の事故は訓練中の被救助者役の消防隊員の死亡事故です。大分県の事故が2009年（平成21年）の５月に、岩手県の事故が2012年（平成24年）７月に発生しています。どちらもダムの湖の上で水難訓練を行っていて、被救助者役の隊員を湖に降ろしヘリが一回りして救助しようと思ったらいなくなっていたというものです。両者とも、ウエットスーツ等は着ていたようですが救命胴衣は着用していませんでした。１件目の事故後、消防庁では救命胴衣の着用等、安全対策を徹底するようにという通知を消防本部宛てに出しています。にもかかわらず、こういうあってはならない事故が起きる。誰の責任でしょうか。

　熱中症でも、数年に一人、訓練や警防活動時にお亡くなりになっています。私は、平成17年ごろにさいたま市の副市長をしていました。その当時のことです。埼玉県の消防学校に研修に行っていたさいたま市消防局の救助隊員の方が訓練で走っているときに熱中症でお亡くなりになりました。安全管理の責任は、それを管理する教官、消防学校長、県にあると思います。しっかりした意識を持って、安全管理に万全を期して、二度とこのような悲劇を起こさないようにすべきです。

　警防活動中、消防隊員が命を落とすことはあってはいけません。ましてや訓練中はもっとありえません。消防職員の幹部の方、団長の皆さん、皆さんの**第一の仕事は隊員の安全管理**です。全ての消防隊員が、指揮命令する上官が、統括する消防長が安全管理の重要性を今一度再確認してほしいと思います。

４　企業を救うためには

　企業における危機管理のイメージ図が**図53**です。106ページ**図48**の市町村長さん向け危機管理の３つの極意を参考にしてください。

　まず社長が、**トップが危機管理体制構築のリーダー**になることが一番です。リーダーなくして改革は生まれません。企業の中で、危機管理に関する仕事の優先順位を上げる、危機管理に携わる人のポストを上げ

図53

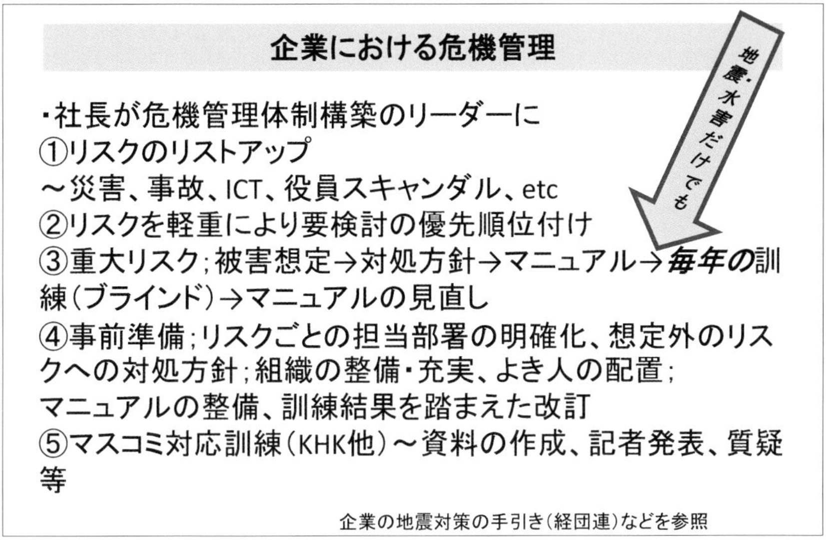

企業における危機管理

・社長が危機管理体制構築のリーダーに
①リスクのリストアップ
〜災害、事故、ICT、役員スキャンダル、etc
②リスクを軽重により要検討の優先順位付け
③重大リスク；被害想定→対処方針→マニュアル→*毎年*の訓練（ブラインド）→マニュアルの見直し
④事前準備；リスクごとの担当部署の明確化、想定外のリスクへの対処方針；組織の整備・充実、よき人の配置；マニュアルの整備、訓練結果を踏まえた改訂
⑤マスコミ対応訓練（KHK他）〜資料の作成、記者発表、質疑等

地震・水害だけでも

企業の地震対策の手引き（経団連）などを参照

る、そこから始まります。

その上で、自らの会社の、あるいは自らの業界の**リスクをリストアップ**します。そして重大なリスクについては、どういう事態が起きるのか、どういう被害が想定されるのか、**対応するマニュアルを作る**、訓練をするということを繰り返し、毎年レベルアップを図ることが必要です。

事前の準備として、リスクごとの担当部署の明確化や組織・人の整備が重要です。

中でも特筆すべきは危機管理事案発生時における**マスコミ対応**です。このマスコミ対応については、その訓練を危険物保安技術協会（KHK）で要請に応じ実施しています。他のいろいろなコンサルでも実施しています。

マスコミ対応の訓練として、図上訓練の要素と実動訓練の要素を併せ持った訓練を実施することも大切です。例えば、工場の爆発事故が課題として提示され、事故の状況、周辺住民の声、本社からの指示、消防・

警察からの問い合わせなど次々にプレーヤー（図上訓練をする人）に状況が付与されます。それを受けて、1時間後に模擬の記者会見を開催しろという状況が付与されます。そこからが実働です。

　その**記者会見の訓練**の場において、演出としてテレビカメラやスチールカメラでプレーヤーを撮ることが行われます。カメラがバシャバシャとフラッシュを、テレビのライトを煌々と当てられると、その前に立っているだけで緊張するんですね。記者会見の冒頭で、陳謝するときにどこまで頭を下げるか、何分下げて頭を上げるか、というところから始まります。事故現場は工場が中心なんですが、こういう事故が起きたとき、現場の人間、所長がどういう対応をすべきか、状況付与に応じて簡単な想定問答を作って、記者会見に臨みます。新聞記者のOB（本物）から質問され、やり込められます。そいうことも経験しておくことが企業の危機管理担当者として、**いざというときにテンパらない場感覚、胆力を磨く**ことになると思います。

　そして、よくある**不祥事の対応**。これが**図54**です。これは企業でも市

図54

不祥事への対応の基本

- ・必ずばれる。
- ・自分たちの都合のいいように問題を矮小化しない。
- ・社長（責任者）が対応のリーダーシップを
- ・発表が遅くなればなるほど、別の言い訳が必要
- ・他から指摘されて発表するより、自ら発表する方がリスクが小さい。
- ・最低限の想定問答は必要

町村でも可能性があります。不祥事への対応の大前提は隠しても必ずばれるということです。何かを隠していてばれた場合、そのことが新しい大きな不祥事になります。なぜ隠したかについても説明が必要になります。自分たちの都合のいいように問題を考えるのはダメです。一方で、社長が、または市長が部下に丸投げして問題から逃げるのもダメです。何のためのトップですか。

　発表のタイミングも非常に重要です。拙速は避けつつも、遅くなればなったことへの言い訳がまた別に必要になります。ただ、記者会見に臨むには最低限の想定問答を用意した上で臨むべきということは言うまでもありません。

5　危機管理体制構築には何に留意すべきか
　危機管理体制構築の要諦と称して図55にまとめています。

図55

危機管理体制構築の要諦
①何が起きても、最初に対応するその人を決めておく：そのとき決めるでは初動が遅れる
②その人はトップに次ぐクラス、他の部長を有無を言わせずに動かせる地位（肩書も重要）
③その人（組織）の環境を充実：手当、携帯、住居
→次の処遇
④トップをはじめ組織の幹部が危機管理に対して高い意識を、そして訓練にも積極参加
⑤訓練とマニュアルの見直しの繰り返し
～ブラインドの図上訓練、毎年の見直しの習慣化
何のための訓練か⇒5年、10年後の子どもたちのためのもの

　それぞれの企業で危機管理体制を作るときに、何が起きてもまず**最初
に対応する人を決めておく**。事態が発生し、そのときに対応する人を決
めるのは最悪です。これまでいくつかの企業の危機管理のアドバイスを
してきましたが、これで大丈夫かなという例も散見されます。事態に応
じて「関係部局が協議して対応部署を決める」とマニュアルに示されて
いる例もありました。これでは、いざというときに役立ちません。

　最初に全体を仕切る人は他の部署でも有無を言わさず動かせる人を設
定すべきです。何があってもこの人なら大丈夫という人にすべきです。
市町村でもそうですが、土木部長や農林部長と同じ肩書きの防災部長だ
となかなか組織は動かないですね。**他の組織を命令一下で動かすことの
できる格付けの人**を危機管理の責任者にすべきです。その人が県であれ
ば副知事、市町村であれば副市長でないと難しいと思います。副社長ク
ラス、専務クラスが必須です。動乱時には、やはり、それなりの肩書き
が必要です。

　そして、**訓練とマニュアルの見直しの繰り返し、特にブラインドの図
上訓練**で次々状況を付与し、こういうことが起きたらどうするか、ああ
いうことが起きたらどうする、こういう訓練の仕方もとても大事です。
毎年、毎年と訓練を次々に高度化すること、そして**毎年マニュアルを見
直すことを習慣化**することはその会社の危機管理力を飛躍的に向上させ
るでしょう。

　そして、何のために訓練をするのか、その意識付けも大事です。ここ
５年、10年で皆さんの身に危機管理事案が、例えば、大地震が発生する
のは稀だと思います。みなさんが生きている代で大きな災害は起きる確
率は低いかもしれませ。でも、皆さんのお子さんや、お孫さんの代には、
あるいは会社の次かその次の社長の代には必ず起きる、いや本当は起き
ては困ります。でも、いつかは起きる、その代のためにも、今、訓練を
積み重ねていく、高度化していく、しっかりしたマニュアルを作ってい
く、危機管理力を強化していくことが求められるのではないでしょうか。

6　最　後　に

　最後になりましたが、危機管理のリーダーとしての心構えを**図56**にまとめています。

　まず、**危機と向き合いましょう。災害と向き合いましょう。**何が起こっているのか災害の全体像を把握して、自己の組織の力の限界を知り、災害対処に向き合う自分を見ること、これは、テンパらない、何も仕事をしなくならないためのコツです。私自身は、危機の場面において、自分に暗示をかけて「自分が緊張しているな」と思うことができたら、逆に、緊張していないと思っています。ゴルフの朝一番のティーショットで周りに人がいると緊張しますよね。私は、打つときに、「俺、緊張しているな」とその場で感じることができたならば大丈夫という暗示をかけています。やり方は、人それぞれ違うと思いますが、災害対処で自分はこういう状況なんだ、自分は今緊張しているな、テンパ

図56

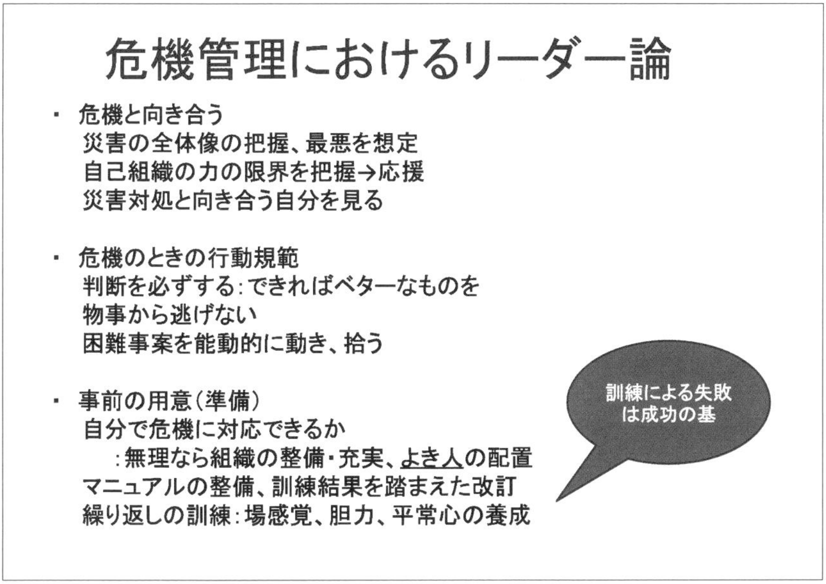

危機管理におけるリーダー論

・ 危機と向き合う
　災害の全体像の把握、最悪を想定
　自己組織の力の限界を把握→応援
　災害対処と向き合う自分を見る

・ 危機のときの行動規範
　判断を必ずする：できればベターなものを
　物事から逃げない
　困難事案を能動的に動き、拾う

・ 事前の用意（準備）
　自分で危機に対応できるか
　　　：無理なら組織の整備・充実、**よき人**の配置
　マニュアルの整備、訓練結果を踏まえた改訂
　繰り返しの訓練：場感覚、胆力、平常心の養成

訓練による失敗
は成功の基

りそうだなと見つめることができれば、普通に災害対処できる人になれると思います。

　そして、判断を必ずする、物事から逃げない、これは当たり前ですね。会社でも、市町村でもそうだと思いますが、災害時、混乱時に、「この問題はこういうところと十分協議したのか意見を聞いたのか」、「こういう課題があるけれどその内容について十分吟味したのか」など、どうしても言いたくなります。ある程度は仕方ありませんが、全体を俯瞰してまず一定の判断をする、時間に応じて検討を依頼することが重要になります。**危機のときはまず判断**、そういう意識が大切です。そして、一番大事なのが事前の準備です。組織の整備、マニュアルの整備、繰り返しの訓練、そしてこれらの毎年の高度化が重要と思います。これらによって、場感覚・胆力が醸成され、**危機にあっても平常心が保**たれるものと思います。

　我が国の危機管理から地域・会社の危機管理、家庭の危機管理についてお話してきました。皆様方の地域に、会社に災害のないことをお祈りしていますが、災害はあるという前提でさまざまな準備をしていただければ幸いです。

　未来の子供たちのために、今、努力をしましょう。

122

終 わ り に

　1998年（平成10年）8月27日㈭、前の晩から大雨が降っていました。
当日は、所属していた福島県庁バスケットボール部のゴルフ大会が予定
されていましたが、当然中止になりました。県庁から電話で呼び出しを
受け、白河周辺が大雨で大変なことになっていることを知りました。3
日間で約1,500ミリの降雨があり、白河の上流西郷村を源流とする阿武
隈川が下流の仙台市に向かって次々に破堤する重大な災害でした。今で
いえば、線状降水帯が3日間、福島と栃木の県境に居座った災害でした。

阿武隈川と釈迦堂川の合流点付近（須賀川市）　阿武隈川と堀川の合流点付近（白河市）

【国土交通省福島河川国道事務所資料より】

　当時、私は福島県庁生活環境部次長の職にありました。このときが、
行政の管理職として初めての災害体験でした。
　当時は、福島県地域防災計画はあるものの、災害に対する具体的行動
基準があまり決まっていませんでした。
　災害発生数日後には県庁講堂に災害対策本部が設置されましたが、災
害発生当初には本部も設置されず、もっぱら消防防災課長の机の横で、
丸椅子に座って指示を出していました。
　8月27日当日の応急対策のオーダーとして、施設入居者5名が死亡し
た障がい者等の支援施設「太陽の国」から約900名の被災者を体育館に

移動させたので、毛布・食料・水等の供給、仮設トイレの設置をお願い
しますとのことでした。生協との協定を結んでいたので毛布・食料をお
願いするとともに水を自衛隊の郡山駐屯地から現地へ供給してもらいま
した。また、仮設トイレについては、土木部に聞いてもらったところ建
設現場用のものがいくつかの会社にある、運ぶのに2トンを吊り上げら
れるクレーン付きトラック10台が必要、とのことから、福島県トラック
協会にお願いし手配してもらいました。

　また、日中も大雨が降り続いていたため、白河公設市場に人が取り残
されている、ゴルフ場のレストランの屋根に数人が取り残されているよ
うな状況が生まれ、ヘリを保有していた3機関、自衛隊ヘリ（郡山市）、
県警察ヘリ（福島市）、県防災ヘリ（須賀川市）に飛行可能かどうか確
認しつつ、次々と救助を要請したことが昨日のように思い出されます。

　ほとんどマニュアルもなく、手探りで判断し、その場対応していました。

　それから20数年経った現在においても、災害は次々と発生していま
す。政府や都道府県、市町村の対応ははるかに高度になったことと思い
ます。訓練もかつてに比べれば、高度化し、多数実施されていると思い
ます。

　が、政府はともかく、市町村や地域、会社においては、毎年、毎年、
災害があるわけではありません。訓練をやっても、現実感がないものと
思います。その意味で本書は危機管理に十数年携わってきた著者の経験
に基づく災害対処の心構えを示しています。

　本書が皆さんの災害対応の一助となることを切望しています。

　終わりに本書の出版に当たり、各種資料の提供など様々なお手伝いを
いただいた方々に厚く御礼を申し上げます。

　なお、文中意見にわたる部分は筆者の私見であり、事実関係の誤りを
含め、文責はすべて筆者にあります。

また、資料の一部は内閣官房、消防庁等のホームページなどの資料を使用または加工していることをお断りしておきます。

　　　　　　　　　　　　　　　大庭　誠司

（参考資料）

・国家の危機管理―実例から学ぶ理念と実践―（伊藤哲朗（株式会社ぎょうせい））

・「災害時にトップがなすべきこと」24カ条（平成29年4月災害時にトップがなすべきこと協働策定会議・陸前高田市長他）

・市町村長による危機管理の要諦（平成29年4月消防庁）

・市町村のための水害対応の手引き（平成29年6月内閣府防災）

・事業継続ガイドライン第三版（平成26年7月内閣府防災）

・企業の地震対策の手引き（平成15年日本経済団体連合会）

・邦人殺害テロ事件の対応に関する検証委員会検証報告書（平成27年5月邦人殺害テロ事件の対応に関する検証委員会）

・逐条解説消防組織法（消防基本法制研究会著（東京法令出版株式会社））

・逐条解説災害対策基本法（防災行政研究会編集（株式会社ぎょうせい））

・市町村の消防の広域化に関する答申（平成18年消防審議会）

・国・地方の適切な役割分担による消防防災・救急体制の充実方策に関する答申（平成14年消防審議会）

・消防白書

・防衛白書

・内閣官房、消防庁、防衛省等各省庁のホームページ等
（なお、図については各省庁のホームページ等から引用するとともに、その一部を加工している。）

・公益財団法人日本消防協会ホームページ

図表の索引

零　コロナとの戦い

Ⅰ　官邸の危機管理

Ⅱ　東日本大震災と消防庁、そして官邸は

III　弾道ミサイルやテロ等の国家の重大事態への対処は

IV　地域・県・国の危機管理体制

V　市町村や企業の危機管理体制構築に何が必要か

VI　最後に

索　引

■著者紹介

大 庭 誠 司（おおば　せいじ）

○略　歴

昭和34年生、島根県出身。

東京大学工学部卒、旧自治省入省。

福島県企画調整部長、内閣官房内閣参事官（安全保障・危機管理）、さいたま市副市長、内閣府参事官（防災）、総務省消防庁消防・救急課長、総務課長、国民保護・防災部長、消防大学校校長、内閣官房内閣審議官（事態対処・危機管理）、消防庁次長を歴任。

在任中、国民保護法の制定、Ｊアラートの仕組みづくりに携わったほか、東日本大震災等の災害対処に当たる。

現在、消防大学校客員教授、日本防災士機構特任アドバイザー

シン・ゴジラが語る 我が国の危機管理

定価（本体1,800円＋税）

著　者　**大庭　誠司** ©2020 Seiji Ohba

発　行　令和２年７月15日（第一刷）

発行者　近 代 消 防 社

　　　　三井　栄志

発 行 所

株式会社 近 代 消 防 社

〒105-0001　東京都港区虎ノ門２丁目９番16号

　　　　　　　　　　　　（日本消防会館内）

ＴＥＬ（０３）３５９３－１４０１㈹

ＦＡＸ（０３）３５９３－１４２０

ＵＲＬ　http://www.ff-inc.co.jp

〈振替　東京００１８０－６－４６１　　００１８０－５－１１８５〉

ＩＳＢＮ 978-4-421-00939-2 C0030 〈落丁・乱丁の場合は取替えます。〉